孔子的智慧

何新讲《论语》

何新 著

华东师范大学出版社

图书在版编目（CIP）数据

孔子的智慧：何新讲《论语》/何新著.—上海：
华东师范大学出版社，2019

ISBN 978-7-5675-8929-2

Ⅰ.①孔… Ⅱ.①何… Ⅲ.①儒家②《论语》-研究
Ⅳ.①B222.25

中国版本图书馆 CIP 数据核字（2019）第 032631 号

孔子的智慧：何新讲《论语》

著　　者　何　新
项目编辑　乔　健　程军川
审读编辑　从　时
装帧设计　吕彦秋
出版发行　华东师范大学出版社
社　　址　上海市中山北路 3663 号　邮编 200062
网　　址　www.ecnupress.com.cn
电　　话　021-60821666　行政传真　021-62572105
客服电话　021-62865537
门市（邮购）电话　021-62869887
地　　址　上海市中山北路 3663 号华东师范大学校内先锋路口
网　　店　http://hdsdcbs.tmall.com
印 刷 者　三河市中晟雅豪印务有限公司
开　　本　710×1000　16 开
印　　张　16.5
字　　数　260 千字
版　　次　2019 年 5 月第 1 版
印　　次　2019 年 5 月第 1 次
书　　号　ISBN 978-7-5675-8929-2/B.1172
定　　价　39.80 元

出版人　王　焰

（如发现本版图书有印订质量问题，请寄回本社市场部调换或电话 021-62865537 联系）

目 录

中华传统与中国的复兴——何新选集总序

序

学而篇第一 / 001

为政篇第二 / 012

八佾篇第三 / 026

里仁篇第四 / 040

公冶长篇第五 / 048

雍也篇第六 / 062

述而篇第七 / 075

泰伯篇第八 / 091

子罕篇第九 / 101

乡党篇第十 / 115

先进篇第十一 / 129

颜渊篇第十二 / 144

子路篇第十三 / 156

宪问篇第十四 / 171

卫灵公篇第十五 / 191

季氏篇第十六 / 206

阳货篇第十七 / 214

微子篇第十八 / 227

子张篇第十九 / 236

尧曰篇第二十 / 245

参考文献 / 249

中华传统与中国的复兴
——何新选集总序

"推倒一世之智勇，开拓万古之心胸。"

一

面对 21 世纪期待复兴的中国，我们有必要抚今思昔，追溯传统。

华夏民族的先史中曾经有一个超越于考古的神话时代，这个时代就是华族所肇始和华夏文明滥觞的英雄时代。

我们华族的祖神女娲，是蹈火补天的伟大母亲——一位女性的英雄！

华族的诸父祖日神伏羲（羲和）、农神神农（历山氏）、牧神黄帝、雷神炎帝以及火神祝融、水神共工，或创世纪，或创文明，或拓大荒，或开民智，或奋己为天下先，或舍身为万世法！

帝鲧与大禹父死子继，拯黎民于水火。蚩尤、刑天九死不悔，虽失败而壮志不屈，天地为之崩裂！

后羿射日、夸父逐日，体现了对神灵的藐视；而精卫填海杜宇化鹃，则象征了对宿命的不驯……

中华民族的先古洪荒时代，是群星璀璨的时代，慷慨悲歌的时代，奋进刚毅的时代；是献身者的时代，殉道者的时代，创生英雄和俊杰辈出的时代！

传说华族是龙与凤的传人，而龙凤精神，正是健与美的精神！故"天行健，君子以自强不息！"

二

然而近世以来，疑古、骂古之风盛行，时髦流行之文化却是媚俗娱世、数典忘祖。不肖之辈早已不知我们原是英雄种族的后裔，我们的血脉中奔流着英雄种族的血系，忘记了我们的先祖原具有一个谱系久远的英雄世系。

"中华"得名源自于日华，所谓"重华"，所谓"神华"；华者，日月之光华也！"汉"之得名源自于"天汉"；天汉者，天上之银河也（按：《小雅·大东》："维天有汉。"《毛传》："汉，天河也。"郑玄云："天河谓之天汉。"《晋书·天文志》曰："天汉起东方。"《尔雅》曰："水之在天为汉。"刘邦以"汉"为帝国之名，本义正是上应天汉也）！

故中华者——日华也（太阳也），天汉者——天河也（银河也），日月光华乃是华族先祖赖以得名的天文图腾。

面对未来，世途多艰，多难兴邦！我们今日正需要慎终追远，回溯华夏的先祖曾怎样艰难地"筚路蓝缕，以启山林"——呼唤而重觅一种英雄的精神！

"打开窗子吧……让我们呼吸一下英雄们的气息！"（罗曼·罗兰）

三

华夏文明是人类历史上所产生过的一切文明中，最优秀、最智慧、最具生命力和创造力的一种渊源于远古的文明。

5000年来流传有自的世序、历法、文献记载与近百年来地下出土的文物、文献的惊人之印证和吻合，使人可以确信，夏商周文明绝不是建立在所谓原始巫教（张光直）或野蛮奴隶制（郭沫若）基础上；而是建立在当时举世最为先进的天文历法知识、理性宗教哲学和最发达优越的农业及工艺城邦文明基础之上的。

《易经》、《老子》是中国天人学与哲学之源，《尚书》、《左传》、《国语》、《战国策》是中国政治学之源，《孙子》、《孙膑兵法》是中国兵学之源，《论语》、《孟子》、《礼记》是中国伦理学之源，三部《礼》经是中国制度设计之源，《素问》是中国医学之源，《诗经》、《楚辞》则一向被认为是中国文学之源。

然而，这些经典古书数千年间，仁者见仁，智者见智，实际从未真正透彻明晰地被人读通。而读不懂、读不通这些书，就根本没有资格讲论中国文化。

多年来，我不揣愚陋，一直有夙志于全面地重新解读这一系列古代经典。近年来，我又重新整理过去的研究札记，这些文字实为中年时期（1985—1995年）之著作，而间有新知，因此对拙著重新做了全面深入的校订，并撰成此套丛书。此套丛书汇聚了我近三十几年间对经学、朴学之研究成果，其中不同于前人之新见异解殊多。这次重新出版，亦是对以往国学研究的一种自我总结，但学无止境，生有涯而知无涯。回忆自1980年予在近代史所及考古所的斗室之间开始对经部作探索性研究，于今忽忽竟二十五年矣。当年弱苗，如今壮林。树犹如此，情何以堪？感慨系之耳！是为总序。

何 新
2001年5月22日初稿于泸上雨辰斋养庐
2010年5月22日再记于京东滨河苑寓中
2019年记于北京

序

一

《论语》是孔子与门人以及门人间的对话和言论汇编。《诗经》毛传："论难曰语。"《汉书·艺文志》谓："《论语》者，孔子应答弟子时人及弟子相与言而接闻于夫子之语也，当时弟子各有所记。夫子既卒，门人相与辑而论纂，故谓之《论语》。"[1]

《论语》即孔子与弟子的讨论语录。《论语》一书似浅实深。该书以语录或对话体的形式，汇聚了孔子关于政治、文化、历史、人生、哲学、宗教等问题的重要观点。其中关于"礼""德""仁""孝"的论点，后来成为两千年中国政治伦理与社会伦理的基石。

《论语》使人惊讶的，不仅是孔子所追求的仁善人格的崇高性，更是其中所阐述的价值观念的超越时代性。

《论语》一书的编撰，并非成于一人。《经典释文·序录》引郑玄说，《论语》是"仲弓、子游、子夏等撰"。

纬书《论语崇爵谶》谓《论语》乃子夏等64人会撰。

赵岐谓："七十子之畴，汇集夫子所言以为《论语》。"

据《汉书·艺文志》记，西汉时曾流传三种《论语》，篇数有所不同，即《鲁论》20篇，《齐论》22篇，《古论》21篇。

二

孔子始传五经，其死后，弟子散诸四方而传其学。其大脉络则有三：齐稷下之学[②]、鲁阙里之学、魏西河之学。《齐论》为子张、荀子所传。《鲁论》为子思所传。《古论》即魏赵西河之学，则为卜商、子夏所传。三种《论语》传承有自，在《西汉》时今文之学兴盛，故以传习《古论》《齐论》者居多。

西汉末安昌侯张禹以《鲁论》为主，采择《齐论》，汇纂而成新版本《张侯论语》。郑玄以《张侯论语》为底本，作《论语注》，遂成为东汉以后《论语》的通行本。今本《论语》存20篇，计12700余字。每篇取篇首二或三字为篇名。

在历代注本中，除郑玄注本外，较为重要的还有魏何晏《论语集解》、北宋邢昺《论语注疏》、南宋朱熹《论语集注》、清刘宝楠的《论语正义》、近人杨树达的《论语疏证》。尤以近人程树德的《论语集释》采辑宏富，用功尤勤。

三

20世纪中期杨伯峻所译之现代语体《论语》较为著名。80年代以来，效颦者颇多。杨氏承近世鸿儒杨树达之家学，但其书中亦多误读。

在儒家之经典中，《论语》似是最易读的一部。但有些难读之点，两千年以来一直聚讼纷纭。本书在前人研究的基础上力求择善而从。凡有未决，则断以己意，试图以此为读者提供一个全新的诠释译本和既简明而又较博赡的考注。

何　新

2002年12月4日于沪上

2015年记于北京

注释

[①]清代张和仲《千百年眼》谓《论语》出闵子之手，文曰："《论语》所记孔子与

人问答，比及门弟子，皆斥其名，未有称字者。虽颜、冉高弟，亦曰回、雍。至闵子独云子骞，终此书无指名。然则谓《论语》出于曾子、有子之门人，又安知不出于闵子之门人耶？观所言闵子侍侧之词，与冉有、子贡、子路不同，亦可见矣。"

②齐贵族田常曾与孔子交往，好儒术，其在齐国执政曾重用孔子诸弟子如子贡、颜涿聚、宰我等。故田氏篡齐后，乃兴起稷下之学，孟子、荀子都曾讲学于稷下。荀子且三为稷下学宫祭酒（主席）。因而形成讲述五经为主的齐派百家之学。

学而篇第一

1.1 子曰①:"学而时习之②,不亦说乎③?有朋自远方来④,不亦乐乎?人不知,而不愠⑤,不亦君子乎⑥?"

译文:

孔子说:"治学而时时不断加深理解,不是很令人喜悦吗?朋友们从远方而来,不是很令人快乐吗?即使人们不理解我,我也不郁闷,这难道不正是君子吗?"

注释:

①孔子名丘。称"子"者,尊称也。《白虎通》:"子者,丈夫之通称也。"周代"子"非男子之称,而为爵称。子,春秋前乃标示贵族身份之称。《仪礼·丧服传》郑注:"凡言子者,可以兼男女。"《孟子·告子》赵岐注:"处子,处女也。"商周贵族男子称"子",女子称"好"(古读亦为"子")。女子亦称"如"(即乳)。《诗经·大雅·大明》毛传:"长子,长女也。"《左传》杜注:"子,如也。"商有女贵族"妇好"(好读子)。《说文》:"好,从女、子。"段注:"'好'本谓女子。"顾炎武《日知录》:"周制,公、侯、伯、子、男为五等之爵,而大夫虽贵,不敢称子……春秋自僖、文以后,而执政之卿始称子。其后则匹夫而为学者所宗,亦得称子,老子、孔子是也……孔子弟子惟有子、曾子二人称子,闵子、冉子仅一见。"汪中《述学·别录》:"古者孤卿大夫皆称子,子者,五等之爵也。"子者,君子之简称也。

君子成丁曰"冠",小人成丁曰"夫"。单丁曰"夫""匹夫"。十夫长曰"什""仕",省称即"士"。成丁之年,或十六,或曰二十。男子二十而冠,受字,曰某父(甫)。

孔子又称夫子。汪中云:"夫者,人所指名也。其见《春秋传》者曰'夫固谓君',曰'夫岂不知',服云:'夫谓斗伯比。'……以夫配子,所谓取足以成词尔。凡为大夫,自适以下皆称之曰夫子……孔子为鲁司寇,其门人称之曰子曰夫子,后人沿袭以为师长之通称,而莫有原其始者。"

夫者,父也,字又作甫。男子有爵称"士",什长也(故孔子云:推十合一曰士)。已婚有家之男子称"夫",即父也。古无轻唇音,父、伯音通。父、夫即五等爵中之伯耳。子为身份之敬称,即贵人。伯、父为尊长之敬称。夫子兼之,相当于现代语之"先生"也。

"曰"者,皇侃《论语义疏》引《说文》云:"开口吐舌,谓之为曰。"段玉裁引《孝经》音义云:"从乙在口上。乙象气,人将发语,口上有气。"

②习,鸟飞也,即翔之同源语。习古音翔,音通于详。详者,想也,理解也。今语"不详",即不解也。历来旧注多解"习"为复习、学习,颇谬。

"学"者,《说文》云:"觉悟也。从教,从冂。冂,尚蒙也。"《白虎通·辟雍》:"学之为言,觉也,以觉悟所不知也。"

程树德《论语集释》:"许氏《说文》云:'开口吐舌,谓之为曰。'(今《说文》无此文)凡学有三时:一是就人身中为时,二就年中为时,三就日中为时也……《内则》云:'六年教之数与方名,七年男女不同席,八年始教之让,九年教之数日,十年学书计,十三年学乐、诵《诗》、舞《勺》,十五年成童舞《象》。'并是就身中为时也。二就年中为时者,夫学随时气则受业易入。故《王制》云'春夏学《诗》《乐》,秋冬学《书》《礼》'是也……三就日中为时者,前身中、年中二时,而所学并日日修习不暂废也。故《学记》云'藏焉,修焉,息焉,游焉'是也。今云'学而时习之'者,时是日中之时也。"《集注》:"学之为言,效也。习,鸟数飞也。学之不已,如鸟数飞也。"

③说者,悦也,乐(亦读为悦)也,喜悦快乐也。《考异》引皇侃《论语义疏》,"说"字作"悦"。《尔雅·释诂》:"悦,乐也。悦,服也。"崔适《论语足征记》:"古者字少,故古人多用假字。"

④陆德明《论语释文》:"有"或作"友"。《白虎通·辟雍》引《论

语》曰:"朋友自远方来。"郑玄注此云:"同门曰朋,同志曰友。""朋",《说文》以为古文"凤",云:"凤飞,群鸟从以万数,故以为朋字。"

《广雅·释诂》:"自,从也。"

方,傍也,旁也,《禹贡》所谓"服"也。远方即远服,即远部。《说文》记"方"字之本义为木筏,字又从"舟",衍生为"舫"。方字甲金文字形象横舟旁陈桨楫,故桨亦称"方",今字作"榜"(古与方同音)。引申而有依傍之义、近旁之义、四方之义。《淮南子·兵略训》:"方者,地也。"《尔雅·释诂》:"来,至也。"

⑤愠,通"郁",郁闷也,愁闷也。旧注释为恼怒,谬。人之不知,常态也,何怒之有?

⑥亦,以也,读为乃。以、乃义通。君子,本为贵族身份之称,孔子使之道德化,有德者,不论其身份如何,亦称为君子。

《礼记·哀公问》:"君子也者,人之成名也。"《白虎通·号》:"或称君子者,道德之称也。君之为言群也。子者,丈夫之通称也。"(《论语正义》)其说不确。成名,成年命名也。人子之成年命名,称君子。君子即公子,即群子。君者,公也,公族之子曰"君子"或"公子"。又称王孙,王孙即公孙,孙、子古义通。《白虎通·姓名》:"诸侯之子称公子,公子之子称公孙,公孙之子各以其王父字为氏。"故公子不同于王孙。

1.2 有子曰①:"其为人也孝弟②,而好犯上者,鲜矣③。不好犯上,而好作乱者,未之有也。君子务本,本立而道生④。孝弟也者,其为仁之本与⑤!"

译文:

有若说:"如果为人孝顺,却会犯上,这是很少见的。不会犯上,却会作乱,这种人不会有。君子致力于根本。根本立得牢,枝叶随之而生。孝顺之德,就是做人的根本啊!"

注释:

①有子:有若,孔子弟子。《史记·仲尼弟子列传》:"有若少孔子四十三岁。"

《柳柳州文集》:"诸儒皆以《论语》孔子弟子所记,不然也……《论语》书中所记诸弟子必以字，而曾子不然，盖其弟子之号师尔。而有子亦称子者，孔子既殁，诸弟子尝以其似孔子而师之，后乃叱避而退，则固尝有师之号矣。"《程子经说》："《论语》曾子、有子弟子撰，所以知者，惟二子不名。"

②金文"孝"，上老下子，像男子背负老者之形。敬老、事老曰孝。《论语释文》："弟"，本或作"悌"。弟，即悌，音通德。德，金文晚出之字，甲骨文作"值"，即循。循者，顺也。顺兄长，曰"弟"（悌）。孝弟即孝循，亦即唐宋后之言"孝顺"。

③好，会也，一音之转。鲜，稀也，少也。《集解》："鲜，少也。"

④务，为也。务本，为本也。为，做也。

《集注》："务，专力也。"本，树根曰本。道，标也，指植物之枝叶。旧释道理，谬。

⑤仁，人也，音义相通。陈善《扪虱新语》："古人多假借用字。《论语》中如'孝弟也者，其为仁之本与'，又曰'观过，斯知仁矣'，又曰'井有仁焉'，窃谓此'仁'字皆当作'人'。"

林春溥《四书拾遗》云："案'不知其仁''无求生以害仁'，《唐石经》皆作'人'。'古之贤人也'，古本作'仁'……宋儒不通训诂，遂至沿袭其误，强事解释……种种谬说，由此而生。"

"仁"在孔子学术中为一重要概念。其通常有三义：第一，"仁"为人之通假字。第二，"仁"古音近偶、爱，可借为爱。第三，"仁"古音近懿、宜。懿，美善。此处当为第一义，即借仁为人。

1.3 子曰："巧言令色①，鲜矣仁②！"

译文：

孔子说："花言巧语，容貌狡伪，很少仁善。"

注释：

①巧，美也，巧言即美言。《老子》："美言不信。"朱熹《集注》："巧，好。"令，伶也，灵也，伶俐、机灵。色，容貌。

②仁，竹简文异体作"悥"，从身，身亦音善。身、善一音转。仁即善之异语。《论语》中言仁（除借为"人"者外）、言善，两字皆可互置，

其义不变。鲜，稀也，少也。

皇侃本作"鲜矣有仁"。《大戴礼记·曾子立事》："巧言令色，难于仁矣。"

1.4 曾子曰①："吾日三省吾身②——为人谋而不忠乎③？与朋友交而[言]不信乎④？传不习乎⑤？"

译文：

曾参说："我每天多次反省自己——为人谋事是否公正？与朋友交往是否守信？学业是否已作修习？"

注释：

①曾子：孔子学生，名参，字子舆，比孔子小46岁（公元前505年—前435年）。

②三省：省，省视也。三，多也。

③忠：中正。或说为诚，诚正。

④言实曰信。信古音"验"，言必有验曰信，诚也。

⑤传：训也，老师的传授、教训。习：重复曰习。

1.5 子曰："道千乘之国，敬事而信①，节用而爱人，使民以时②。"

译文：

孔子说："领导千车之国，要谨慎而守信，节俭而爱民，使用民力要顺应天时。"

注释：

①道，导也。导，首领，率领。《释文》："道"，本或作"导"。马融说："道谓为之政教。"

千乘之国：乘音 shèng。马融引《司马法》："六尺为步，步百为亩，亩百为夫，夫三为屋，屋三为井，井十为通，通十为成（成，即城），成（城）出革车一乘。"古代四匹马拉一辆兵车称作"乘"，拥有兵车千乘的国家，百夫配一车，则有士卒10万，国家人口在50万以上。包咸说："千乘之国者，百里之国也。"《礼记·坊记》："制国不过千乘，家富不过百乘。"当时是中等之国。

杨伯峻《论语译注》提到，春秋时代国家的强弱用车辆的数目来计算。春秋初期大国都还没有千辆兵车。《左传》僖公二十八年记城濮之战时晋文公战车仅700乘。至平丘之会，晋国已有4000乘了（见《左传》昭公十三年）。千乘之国在孔子时已经不是大国，因此子路说"千乘之国摄乎大国之间"。

敬，读为谨，小心也。同"谨而信"（见1.6）。

②使民以时：使民，劳役，即《孟子·梁惠王》"不违农时"。包咸说："使民必以其时，不妨夺农务。"

1.6 子曰："弟子！入则孝，出则悌，谨而信，泛爱众而亲仁①。行有余力，则以学文②。"

译文：

孔子说："弟子们！进家要孝顺父母，出外要顺从兄长，言语要谨慎而守信，博爱大众而且亲近有德之人。已做到这些还有余力，再用以研习学术。"

注释：

①弟子即子弟。孔子招徒，收之如假子，故以子弟、弟子为称。

入、出，《礼记·内则》："由命士以上，父子皆异宫。"命士即名士，先秦贵族子弟行冠礼命名后方入成年，称"命士"。则知这里的"弟子"是指"命士"以上的人物而言。"入"是"入父宫"，"出"是"出己宫"。

杨树达谓："谨谓寡言也。"泛，古无轻唇音，泛、博音义通。泛爱即博爱，即普爱。众，多人曰众。

亲，嚙也，嘴衔曰嚙。《易》之咸卦，帛《易》作"钦"，即亲吻也，引申为亲爱。《尚书·尧典》："克明俊（己）德，以亲九族。"传：亲，爱也。仁，借为人（《论语·雍也篇》："井有仁焉。"郑注："仁，人也。"）。

②文即文学。文学一词，今古异义。古之所谓"文学"，学术也。

1.7 子夏曰①："贤贤，易色②；事父母，能竭其力③；事君，能致其身④；与朋友交，言而有信。虽曰未学，吾必谓之学矣！"

译文：

子夏说："重视贤者，轻视美色。侍奉父母能竭尽全力，侍奉君主能奉献生命。与朋友交往讲话必守信义。（这样的人）即使没有读过书，我也说他是有学识啊！"

注释：

①子夏（公元前507年—?）姓卜，名商，字子夏，小孔子44岁，孔子重要弟子。孔子死后，孔学重要传人之一。《论语》中多子夏语录。

②贤贤，第一"贤"字为动词，第二"贤"字为名词：以贤者为贤。易色，易读为希，轻也。轻视容色。（参《汉书·李寻传》颜师古注）

③能，古音读为以，即今语"要"也。竭，尽也，一音之转。

④致，献也。送物曰致物，致有奉送意。

1.8 子曰："君子不重则不威，学则不固。主忠信①，无友不如己者②。过，则勿惮改③。"

译文：

孔子说："君子不庄重就没有威严，学业就不会巩固。要主守忠信，不和（上述忠信方面）不如己者交朋友。如有错误，不要怯于改正。"

注释：

①主忠信：主，守也，守持。信，诚也。忠信即忠诚。《颜渊篇》(12.10)说："主忠信，徙义，崇德也。"

②无友不如己者，即不与（忠信）不如自己者为友。古今解此句多误读。

③惮，忌惮，怕也，畏惧。今北地方言称"惧"为"颤"，惧而抖为"颤抖"，语源本于"惮"也。

1.9 曾子曰："慎终①，追远②，民德归厚矣③。"

译文：

曾子说："慎重考虑事情的结果，思虑久远，使民众的道德归向于纯厚。"

注释：

①《说文》："慎，谨也。"终，结果。终字从冬。"冬"字甲骨文像一绳两端系两结，终即结也。上古结绳记事、记历，故岁尾亦称"冬"（即"终"）。

②追，追思；远，久也，久远。

③厚，淳厚。

1.10　子禽问于子贡曰①："夫子至于是邦也②，必闻其政，求之与？抑与之与③？"

子贡曰："夫子温、良、恭、俭、让以得之④。夫子之求之也，其诸异乎人之求之与⑤！"

译文：

子禽问子贡说："孔夫子每到一个国家，总打听这个国家的政事，是要有所要求呢，还是要有所给予呢？"

子贡说："先生以温和、善良、恭敬、宽大、谦让对待一切。先生之所追求，与一般人的追求完全不同啊！"

注释：

①子禽即陈亢，字子禽。《史记·仲尼弟子列传》不见此人。但郑玄注《礼记·檀弓》说他是孔子学生，或说即《仲尼弟子列传》中的原亢禽。

子贡（公元前520年—？），姓端木，名赐，字子贡，乃孔子贤弟子，卫人，比孔子小31岁。

②夫子：今语先生。夫，父也。古之曰"父"，在春秋前并非专指父母之父，乃敬称性长辈也，字或作"甫"。杨伯峻说："凡是做过大夫的人，都可以取得这一敬称。"其说则谬！

③与之：给予，参与。

④俭：閒，间，宽松。或读为敬，亦通。《礼记·乐记》："恭俭而好礼者，宜歌《小雅》。"恭俭，即恭敬。得，待也。

⑤其，岂也，设问之辞。洪颐煊《读书丛录》："《公羊》桓六年传：'其诸以病桓与？'闵元年传：'其诸吾仲孙与？'僖二十四年传：'其诸此

之谓与？'宣五年传：'其诸为其双双而俱至者与？'十五年传：'其诸则宜于此焉变矣。''其诸'是齐鲁间语。"其诸即岂非，类今语"莫非，莫不是"。

1.11　子曰："父在，观其志。父没，观其行。三年无改于父之道①，可谓孝矣。"

译文：

孔子说："当其父亲在世时，观察他的志向。当其父亲去世后，观察他的行为。若三年而能不改变他父亲一贯的做法，就称得上是孝子了。"

注释：

①其，他。于，通伊；伊，他之古音。

1.12　有子曰："礼之用，和为贵①。先王之道，斯为美②。小大由之，有所不行③，知和而和。不以礼节之，亦不可行也。"

译文：

有若说："礼仪制度的运用，以和谐为贵。先王治国之道，其美善就在于此。让小者、大者都自由发展，那是行不通的，所以要认识'和谐'之道而协调他们。如果不能用'礼'来加以节制，那也是不行的。"

注释：

①礼，仪式与制度。礼有三义：宗教；制度（周索）；仪式象征（礼仪、礼貌）。

"礼，上事天，下事地，尊先祖而隆君师……郊止乎天子，社止于诸侯，道及士大夫。"（《荀子·礼论》）

"礼，经国家，定社稷，序民人，利后嗣者也。"（《左传》隐公十一年）

《管子·心术》："登降揖让、贵贱有等、亲疏之体，谓之礼。"

和，《礼记·中庸》："喜怒哀乐之未发谓之中，发而皆中节谓之和。"杨树达《论语疏证》："《说文》云：'龢（和），调也。''盉，调味也。'乐调谓之龢（和），味调谓之盉，事之调适者谓之和，其义一也。和今言适合，言恰当，言恰到好处。"

②先王，古之圣王。戴望《论语注》："谓圣人为天子制礼者也。""斯，此也。"郑玄注《周礼·大司徒》："美，善也。"

③小，小人。大，大人。小，贫贱。大，达也，富贵。戴望说："小大，指人言。"下篇"君子无小大"，《诗经·鲁颂·泮水》："无小无大，从公于迈。"皆以小大指人。

1.13　有子曰："信近于义①，言可复也②。恭近于礼，远耻辱也。因不失其亲，亦可宗也③。"

译文：

有若说："守信近乎符合礼仪，诺言应当实践。恭敬近乎礼制，才可以远离耻辱。求援不出自己的亲族，才可以受到尊重。"

注释：

①义，仪也，仪度，仪式，尺度，规矩。礼义即礼仪。

义，规则。"名以制义，义以出礼，礼以体政，政以正民。"（《左传》桓公二年）"君将纳民于轨物者也，故讲事以度轨量谓之轨，取材以章物采谓之物，不轨不物谓之乱政。"（《左传》隐公五年）

②言，诺也，承诺。复，履也，履行，实践。《左传》僖公九年："吾与先君言矣，不可以贰，能欲复言而爱身乎？"哀公十六年："吾闻胜也好复言……复言非信也。"此用前义。朱熹《集注》云："复，践言也。"郑玄以复为覆，不确。

③因，援也，求取。失，别失，出离。亲，亲族。指不出离亲族去寻求援助，不求援于外人。宗，通尊，尊重。孔疏读宗为"宗敬"，即尊敬。训"因"为"亲"，谬。

1.14　子曰："君子食无求饱，居无求安。敏于事而慎于言①。就有道而正焉，可谓好学也已。"

译文：

孔子说："君子饮食不求饱足，居住不求安逸。明白做事，谨慎说话。以道义准则自我修正，这才可以说是好学的人。"

注释:

①敏,明也,明见。孔疏训敏为"疾",焦循训敏为"审",皆不确。

1.15　子贡曰:"贫而无谄,富而无骄,何如?"
子曰:"可也。未若贫而乐[道]①,富而好礼者也。"
子贡曰:"《诗》云'如切如磋,如琢如磨'②,其斯之谓与?"
子曰:"赐也,始可与言《诗》已矣,告诸往而知来者③。"

译文:

子贡说:"处于贫困却不卑谄,处于富贵却不骄慢,这怎么样?"
孔子说:"可以。但比不上处于贫困仍乐于闻道,处于富贵仍爱好礼节。"
子贡说:"《诗经》上说'(像加工玉器、象牙那样)有切有磋,有雕琢有研磨',就是这个意思吧?"
孔子说:"阿赐呀,已经可以同你讨论《诗经》了。告诉你前面你就理解了后面!"

注释:

①通行本作"贫而乐";据皇侃本,"贫而乐"下有"道"字。
②如切如磋,如琢如磨:见《诗经·卫风·淇奥》。《尔雅·释器》:"骨谓之切,象(牙)谓之磋,玉谓之琢,石谓之磨。"朱熹曰:"言治骨角者,既切之而复磋之。治玉石者,既琢之而复磨之。治之已精而益求其精也。""如切如磋,道学也。如琢如磨,自修也。"(《礼记·大学》)
③赐,子贡名。《诗》,《诗经》。诸,"之于"合音。往,无也,去事已无,故称"往"。来者,后来。

1.16　子曰:"不患人之不己知,患不知人也①。"

译文:

孔子说:"不要忧虑别人不了解自己,只应忧虑自己不能了解别人。"

注释:

①患:心疾曰患。《说文》:"患,忧也。"不己知:倒置语,不知己也。知,了解、知道。

为政篇第二

2.1 子曰:"为政以德①,譬如北辰居其所②,而众星共之③。"

译文:

孔子说:"执政者必须有正德,好像北极星处在自己的位置上,让群星环绕而旋转。"

注释:

①为,执也,从事。以,读为有,一音之转。以德:(要)有德。

②譬,辟也,比也。《说文》:"喻也。"《墨子·小取》:"辟也者,举他物而以明之也。"《集注》云:"北辰,北极,天之枢也。"郑玄:"北极谓之北辰。"《正义》引李巡:"北极,天心,居北方,正四时,谓之北辰。"引郭璞:"北极,天之中,以正四时,天中即天心。天体圆,此为最高处,名赤道极。"

秦蕙田《五礼通考》:"北极,天之至中。谓之辰者,无星而有其位也。北极正相对为南极。二极之中纮,古今皆谓之赤道。"《考工记·匠人》:"夜考诸极星以正朝夕。"由于地球自转轴正对天球北极,在地球自转和公转所反映出来的恒星周日和周年视运动中,天球北极是不动的,其他恒星则绕之旋转。我国黄河中下游流域约为北纬36度,因之天球北极也高出北方地平线上36度。包慎言:"北极者,对南极言之……北极出地三十六度,南极入地三十六度。中国在赤道北,只见北极。"

孔子所说的北辰,不是指天球北极,而是指北极星。距今4000年前北极星在帝星右枢(天龙座α星)附近,由于岁差之故,今移位在勾陈一

(小熊座α星)。

《广雅·释诂》:"所,居也。"

③共:通拱。拱,围也,环抱、环绕。

2.2　子曰:"《诗》三百①,一言以蔽之,曰'思无邪'②。"

译文:

孔子说:"《诗经》中的三百篇诗,可以用一句话概括,就是'情思纯正无邪'。"

注释:

①《诗》三百:《诗经》共305篇,这里说"三百",是举其整数。

②蔽,覆蔽,概括。"思无邪",出《诗经·鲁颂·駉》"思无邪,思马斯徂"。思,情思。不正曰邪。

或曰"思"是虚词。此说最早出自南宋项安世的《项氏家说》。项氏曰:"思,语辞也……说者必以为思虑之'思',则过矣。"

而解读"思"为实词、动词即"思虑",乃是古代经学家的主流解读。例如皇侃、卫瓘解读"思"字就说:"'思'之正,即'思无邪'。邪去,则思正也。"

清李颙《四书反身录》也说:"诗之为教,原是教人法其所宜法,而戒其所宜戒,为善去恶,思不至于有邪耳。"

刘宝楠《论语正义》引顾镇《虞东学诗》:"诗者,思也。发虑在心,而形之于言,以摅怀抱。"

《史记·屈原贾生列传》:"国风好色而不淫,小雅怨诽而不乱。"即所谓"无邪"矣!

按:有学者提出"思"字是虚词,语助词。例如俞樾在《曲园杂纂》中说道:"《駉篇》八'思'字并语词。毛公无传,郑以'思遵伯禽之法'说之,失其旨矣。"陈奂《诗毛氏传疏》:"思,词也。斯,犹其也。无疆无期颂祷之词,无斁无邪又有劝戒之义焉。思皆为语助。"再如于省吾《泽螺居诗经新证》:"陈奂以思为语词是对的,思为发语词。"

《诗经》中的"思"字用得非常广泛。《国风》中出现57次,除《汉广》中八个"思"字作语气词,其他篇中之"思"均当实词用;《小雅》

和《大雅》中出现32次，除《我行其野》"不思旧姻"、《雨无正》"鼠思泣血"、《车舝》"思娈季女逝兮"、《文王有声》"无思不服"之"思"有实际意义，其余28处均作语气词；《颂》中"思"出现了22次，除了尚待讨论的"思无邪"之"思"外，均作语气词。

《论语》中"思"字共出现了25次，除《为政》"思无邪"之"思"，《雍也》"原思为之宰"中"思"为人名外，全书其余23个"思"字均为实词，都含有"思考""认识""思维"之义。例如《为政》"学而不思则罔"、《里仁》"见贤思齐"等。

由此可见，"思"字在《诗经》和《论语》的时代，是既可以作实词又可以作虚词的，使用上并没有特殊的规律。在使用率上，作实词比作虚词更普遍些。

"邪"字多理解为"邪恶、邪僻、邪念"。《郑笺》云："徂，犹行也。思遵伯禽之法，专心无复邪意也。"

朱熹《诗集传》："孔子曰：诗三百，一言以蔽之，曰思无邪。盖诗之言美恶不同，或劝或惩，皆有以使人得其情性之正。"

王先谦《诗三家义集疏》："'思无邪'者，思之真正，无有邪曲。"

包咸《论语包氏章句》注曰："思无邪，归于正也。"邢昺《论语注疏》曰："此章言为政之道在于去邪归正……'思无邪'者，此诗之一言，《鲁颂·駉篇》文也。诗之为体，论功颂德，止僻防邪，大抵皆归于正，故此一句可以当之也。"杨伯峻解"思无邪"曰："《诗经》三百篇，用一句话来概括它，就是'思想纯正'。"

异义则谓，"邪"通"馀"即余，是"剩余、保留、多余"的意思。《说文》："馀，饶也。""饶，饱也。""饱，厌也。""无邪"也就是"无厌""不满足"，"思无邪"一语就是"深谋远虑，永无止境"。其说亦通。

2.3 子曰："道之以政，齐之以刑，民免而无耻[①]。道之以德，齐之以礼，有耻且格[②]。"

译文：

孔子说："靠政令来命导，用刑法来威戒，则百姓勉强但不懂羞耻。用正德来引导，用礼节来规范，百姓有羞耻心并且真心归服。"

注释：

①道，导也。导，领导，导率。齐，整齐，或读为戒，威戒。免，勉也，勉强。

②《尔雅·释诂》："格，至也。"格，来。至，致，古字通，引申有归服之义。《礼记·缁衣》："夫民，教之以德，齐之以礼，则民有格心。教之以政，齐之以刑，则民有遯心。""格心""遯心"对文，"格"，来也。"遯"即"遁"，去也。

2.4　子曰："吾十有五而志于学①，三十而立，四十而不惑②，五十而知天命③，六十而耳顺，七十而从心所欲不逾矩④。"

译文：

孔子说："我十五岁时立志求学，三十岁时能自立，四十岁不迷于诱惑，五十岁识知天命，六十岁听一切话都顺耳，七十岁时任意自由行动也不会违反规矩。"

注释：

①志，心之所向。《正义》引《毛诗序》："志者，心之所之也。"《大戴礼记·保傅》："古者八岁而出就外傅，束发而就大学。"卢注："束发谓成童。"《白虎通·辟雍》："故十五成童志明，入大学，学经术。"志学，心有志而未能也。孔子非贵族士子，少不能入宗社之学。其志学者，心向之而自学也。

②《说文》："惑，乱也。"

③《尚书·召诰》："今天其命哲，命吉凶，命历年。"《韩诗外传》："子曰：'不知命，无以为君子。'"王弼曰："天命废兴有期。"

④郑玄注："矩，法也。"《荀子·不苟》："五寸之矩，尽天下之方也。"杨倞注："矩，正方之器也。"《说文》："巨，规巨也。从工，象手持之，矩或从木矢。"

2.5　孟懿子问孝①。

子曰："无违②。"

樊迟御,子告之曰:"孟孙问孝于我③,我对曰,无违。"

樊迟曰:"何谓也④?"

子曰:"生,事之以礼⑤。死,葬之以礼,祭之以礼⑥。"

译文:

孟懿子问如何为孝。

孔子说:"不要违忤。"

樊迟为孔子驾车。孔子告诉他说:"孟孙问我孝的问题,我回答他说:'不要违忤!'"

樊迟问:"这是什么意思?"

孔子说:"父母活着,要按照礼制奉养他们。死了,要按照礼制埋葬他们,要按照礼制祭祀他们。"

注释:

①孟懿子:鲁国大夫,三桓之一。姓仲孙,名何忌,"懿"是谥号。其父是孟僖子。《左传》昭公七年,孟僖子将死,嘱其子向孔子学礼。

②无违:黄式三《论语后案》:"《左传》桓公二年云'昭德塞违''灭德立违''君违,不忘谏之以德';六年传云'有嘉德而无违心';襄公二十六年传云'正其违而治其烦'……古人凡背礼者谓之违。"

③樊迟:姓樊,名须,字子迟,孔子弟子。御,驾驭,驾马车。"弟子事师,古礼如是。"孟孙,即孟公孙。《白虎通·姓名》:"诸侯之子称公子,公子之子称公孙,公孙之子,各以其王父字为氏。"(此即隔二代祖孙联名的制度)孟孙本出公子庆父之后,当称孟公孙。不言公者,省词。

④何谓也:倒置语,即"谓何也",说什么呀。谓,古音与"语"通。谓,语也,动词,即今语"说"。皇侃《义疏》:"谓,评论之词也。"

⑤事,侍也,侍奉曰事。

⑥死,《说文》:"澌也,人所离也。""葬,臧也,从死在草中。"《荀子·礼论》:"礼者,谨于治生死者也。生,人之始也。死,人之终也。"

2.6 孟武伯问孝①。

子曰:"父母,唯其疾之忧②。"

译文：

孟武伯问如何为孝。

孔子说："对于父母，要把他们的疾病看作最忧心的大事。"

注释：

①孟武伯：即仲孙彘，孟懿子的儿子，名彘，"武"是谥号，"伯"是排行。

②此句自古有歧解。"唯"，读为"以"，古音与以通。其，指父母，代词。疾，疾病，疾患。之，动词，作也。忧，忧虑。语谓：唯以其（父母）之疾为忧。《淮南子·说林训》："忧父之疾者子，治之者医。"高诱注云："父母唯其疾之忧，故曰忧之者子。"又，疾或读为嫉，恨也。语义为：以父之所憎为憎。此则当作于懿子死后。

2.7 子游问孝①。

子曰："今之孝者，是谓能养。至于犬马，皆能有养；不敬，何以别乎②？"

译文：

子游问如何为孝。

孔子说："现在人说的孝，只是说要供养父母。就是对狗和马，人也能饲养；如果没有敬重的心念，区别又在哪里呢？"

注释：

①子游，孔子学生，姓言，名偃，字子游，吴人，小孔子45岁。

②孟子曰："食而不爱，豕畜之。爱而不敬，兽畜之。"《说文》："养，供养也。"

2.8 子夏问孝。

子曰："色难①。有事，弟子服其劳②。有酒食③，先生馔④。曾是以为孝乎⑤？"

译文：

子夏问如何为孝。

孔子说:"难处在神色。有事情,子弟可以替他们做。有酒食,可以让父兄吃。但能认为这就是孝吗?"

注释:

①色难,《礼记·祭义》:"孝子之有深爱者必有和气,有和气者必有愉色,有愉色者必有婉容。"

②劳,劳役。服,事也,侍也。

③食读去声,音饲。

④马融说:"先生谓父兄也。"馔,饮食。《鲁论》作"餕"。餕,食余也。

⑤曾,竟也。质问之词。

2.9　子曰:"吾与回言①,终日不违②,如愚。退而省其私③,亦足以发,回也不愚!"

译文:

孔子说:"我与颜回谈论,整天他没有与我不同之见,好像很愚笨。但退席后我观察他私下言谈,他都能有所发挥。颜回啊并不愚笨!"

注释:

①回,颜回(公元前521年—前481年),孔子最欣赏的学生,鲁人,字子渊,小孔子30岁。

②违:违通谓也,即语。不违,不答语。皇侃疏:"无所咨问,故曰终日不违。""观回终日默识不问,殊以愚鲁。"

③省,视也,观察。退而省其私,皇侃疏引云:"察退与二三子私论,亦足以发明圣奥,振起风训也。"

2.10　子曰:"视其所以,观其所由,察其所安①。人焉廋哉②?人焉廋哉?"

译文:

孔子说:"观察他的动机,观察他的手段,观察他的目的。(人的真面目)难道还能隐藏吗?难道还能掩藏吗?"

注释:

①所以: 以, 欲也, 动机。所由: 由, 迪也, 道路。所安: 安, 居也, 归宿, 目的。《史记·魏世家》:"李克对文侯曰:'居视其所亲, 富视其所与, 达视其所举, 穷视其所不为, 贫视其所不取。'"《逸周书·官人》:"考其所为, 观其所由。"

②廋(sōu): 隐也。孔颖达:"廋, 匿也。"《汉石经》"廋"下无"哉"字。

2.11 子曰:"温故而知新, 可以为师矣①。"

译文:

孔子说:"推问过去的东西从而悟知新的道理, 自己就可以做自己的老师了。"

注释:

①旧解温或读作"煴"。《集解》引黄式三《论语后案》:"温, 燖温也。"

贾公彦疏云:"《论语》及《左传》与此古文皆作'寻'。"郑玄:"温, 寻也。寻绎故者, 又知新者, 可以为人师也。""温读如燖温之温。谓故学之孰矣, 后时习之, 谓之温。"师古训"温"作"蕴", 积厚也, 谓:"温, 厚也, 谓厚积于故事也。"

温, 问也。《集注》:"温, 寻绎也。""故者, 旧所闻。新者, 今所得。"郑注说可为人师, 误。

2.12 子曰:"君子不器①。"

译文:

孔子说:"君子不是一种专用的器具。"

注释:

①《集解》引包咸注:"器者各周(适)于用。至于君子, 无所不施。"

2.13 子贡问君子。

子曰:"先行其言, 而后从之①。"

译文：

子贡问怎么对待君子。

孔子说："先实行其所说，然后追随他。"

注释：

①程树德《集释》引鲁申公言："为治不在多言，顾力行何如耳。"

2.14 子曰："君子周而不比①，小人比而不周②。"

译文：

孔子说："君子周到而不偏执，小人偏执而不周到。"

注释：

①周：周圆。比：边也，蔽也。偏执片面。旧注多解"周"为宗，又解"比"作阿党。孔疏："忠信为周，阿党为比。"说皆牵强。

②小人：与君子对言。在上古语中"小人"本指同亲族而辈分低下者（《尚书》），后指社会身份低下的人。孔子将其用为价值观，指无知者及道德水平低下者。又"小人"不同于"野人"。"野人"指社会地位低贱者，常指农夫（因其住于城邦之外而得称），无贬义。

2.15 子曰："学而不思则罔①。思而不学则殆②。"

译文：

孔子说："只学习而不思考，会迷惑。只思考而不学习，会停滞。"

注释：

①罔：通惘，迷惑。亦解无，没有，无所获也。

②殆：即"滞"，止也，凝滞也。《老子》二十五章"周行而不殆"，"殆"训止。《礼记·学记》"或失则止"，郑玄注："失于止，谓好思不问者。"

2.16 子曰："攻乎异端，斯害也已①。"

译文：

孔子说："攻击见解不同的异端，这是最有害的。"

注释：

①此句可有两种相反的解说：一为攻，攻击。孙奕《示儿编》："攻，如攻人恶之攻。"《论语集说》："攻者，攻击之攻。"王闿运《论语训》："攻，犹伐也。"二为攻，工，钻研。《集解》："攻，治也。"

余取第一义，不攻击异端，即容纳不同意见，博施广采，兼收并蓄。所以孔子又说"我则异于是，无可无不可"，即不攻异端主义。《论语补疏》："贾逵曰：'三代异物，损益随时，故先帝博观异家，各有所采。《易》有施孟，复立梁丘。《尚书》欧阳，复有大、小夏侯。今三传之异亦犹是也。'又袁绍客多豪俊，并有才说。见郑康成儒者，未以通人许之，竟设异端，百家互起。康成依方辨对，咸出问表，皆得所未闻，莫不嗟服。盖以儒者执一不能通，故各有一端以难之，是为竞设异端。康成本通儒，不执一，故依方辨对，谓于众异之中，衷之以道也。是即康成之攻乎异端矣。道中于时而已，故孔子曰：'我则异于是，无可无不可。'各执一见，此以异己者非，彼亦以异己者为非，而害成矣。"《路史·发挥》："非不攻之也，攻之则害尤甚也。"

《集注》引旧注则多取第二义。《集注》引范氏曰："攻，专治也……异端，非圣人之道……专治而欲精之，为害甚矣。"《论语发微》："《公羊》文十二年传注：他技，奇巧异端也。"《礼记·大学》注："他技，异端之技也。"《论语后录》："异端即他技，所谓小道也。"戴震谓："端，头也。凡事有两头谓之异端，言业精于专，兼攻两头则为害耳。"谓专工异端（奇门小技）是有害的。

2.17　子曰："由①！诲女知之乎②？知之为知之，不知为不知③，是知也④。"

译文：

孔子说："由呀，教给你的你懂了吗？懂了就说懂了，不懂就说不懂，这就是智慧啊。"

注释：

①由，即仲由（公元前542年—前480年），孔子的学生，字子路，卞（今山东平邑县东北仲村）人，小孔子9岁。

②诲，教也。女，通汝，即今语"你"。古汉语第二人称词尔、汝、女、你，皆一音之转。

③知，懂也（《方言》）。

④知，智也。《释文》："知如字，又音智。"

2.18　子张学干禄①。

子曰："多闻，阙疑②。慎言其余，则寡尤。多见，阙殆③。慎行其余，则寡悔④。言寡尤，行寡悔，禄在其中矣。"

译文：

子张要学习从政之术。

孔子说："多听，以消除疑问。对不清楚的，讲话审慎，这样就能减少忧烦。多看，以消除疑惑。对看不清的，不做，这样就能减少悔恨。说话少有忧烦，做事少有悔恨，官禄自然就在其中了。"

注释：

①子张（公元前503年—?），孔子学生颛孙师，字子张，陈人，小孔子48岁。

干，求也。干之古音奸，与"将"近。将，持取也。黄氏《论语后案》："学干禄，谓学仕者之事也。"《曲礼》曰"宦学"。"是当世实有一干禄之学而子张习之矣……讳言禄仕，乃宋儒沽名恶习。轻薄事功，为南宋积弱根由。"（程树德说）

禄，粮也。米粮曰禄。官粮米曰禄。旧时官吏的俸给，以米粮为计，如"二千石"。求禄，即求官也，即做官也。郑玄谓："禄，仕者之奉。"（干禄，语出《诗经·大雅·旱麓》）禄，《尔雅》训为福。程树德谓："较旧注俸禄为胜。"

②阙，祛也，祛除。《论语正义》引《左传》杜注："阙，空也。"空，恰有除空、清除之义。此义汉以来不得达诂。旧注多读"阙"为"存"，乃谓"义有未明、未安于心者，阙空之也"，至谬。阙疑即存疑。

③阙殆和"阙疑"同义。殆，古音从台，读音如"怡"，故与疑通。惑也。殆，旧注："危也。"

《集注》吕大临曰："疑者所未信，殆者所未安。"

④悔，恨也。(《说文》)

2.19　哀公问曰①："何为则民服？"

孔子对曰："举直错诸枉②，则民服；举枉错诸直，则民不服。"

译文：

鲁君（哀公）问："怎样做才能使百姓信服？"

孔子答："提拔正直的人，放到邪曲小人之上，民心就会顺服；提拔邪曲小人，使他居于正直之人之上，百姓就不会顺服。"

注释：

①哀公：鲁哀公，姓姬，名蒋，定公之子，继定公而即位，在位27年（公元前494年—前467年）。"哀"是谥号。

②错诸枉，"错"意为"措"，处也，放置。诸，之也。枉，弯也，弯曲。

2.20　季康子问①："使民敬、忠以劝，如之何②？"

子曰："临之以庄，则敬；孝慈，则忠；举善而教不能，则劝。"

译文：

季康子问："要使百姓恭敬、忠心而且勤勉，该怎么做？"

孔子说："对他们庄重，他们就会恭敬；孝敬老人、慈爱孩子，他们就会忠诚；提拔好人，教育能力差的人，他们就会勤勉。"

注释：

①季康子，季孙肥，鲁哀公时正卿，当时鲁国政治上最有权力的人。"康"是谥号。

②以，亦也，而且。劝，勤也。之，即今语"这"。

2.21　或谓孔子曰："子奚不为政①？"

子曰："《书》云：'孝乎！惟孝友于兄弟，施于有政②。'是亦为政，奚其为为政③？"

译文：

有人问孔子："您为什么不做官？"

孔子说:"《尚书》说:'孝啊,只要以孝道教好兄弟,就能治好国家。'这也就是从政,何必一定要做官呢?"

注释:

①奚,古音与"何"通,即为什么、为何。政,通正,"长也"(《尔雅·释诂》)。

②"《书》云"见《尚书·君陈》。友,诱也,教育称诱,所谓"循循善诱"。

施于有政:"有"通"或"。或,国也。即施之于国政。《广雅·释诂》:"有,或也。""有"古音与"或(读域)"通,"或"即国之本字。

③《集解》引包咸注:"或人以为居位乃是为政也。孝乎惟孝,美大孝之辞。友于兄弟,善于兄弟也。施,行也。所行有政道,与为政同耳。"

2.22 子曰:"人而无信①,不知其可也。大车无輗,小车无軏②,其何以行之哉?"

译文:

孔子说:"一个人不守信,就不知他还能做什么!大车没有了车辕,小车没有了车轴,车子又如何还能行走呢?"

注释:

①人而无信:"而"读为若,"如果"也。言而不行曰不信。

②輗音 ní,軏音 yuè。古代牛车叫大车,马车叫小车。车辕前有横木,大车叫作"鬲",小车叫作"衡"。鬲、衡两头都有关键(活销),輗就是鬲的关键,軏就是衡的关键。车子没有它,无法套住牲口。

2.23 子张问:"十世可知也?"

子曰:"殷因于夏礼①,所损益,可知也;周因于殷礼,所损益,可知也②。其或继周者,虽百世,可知也。"

译文:

子张问:"十代以后的礼制可以预知吗?"

孔子说:"殷代沿袭了夏代的礼制,当然也有所增减,其增减是可以知道的。周代沿袭了商代的礼制,当然也有所增减,其增减也是可以知道的。将来继承周代的朝代,即使过了一百代,以此也是可以推知的。"

注释:

①因,沿也,继承。

②《汉书·杜周传》:"殷因于夏,尚质。周因于殷,尚文。"《汉书·董仲舒传》:"夏因于虞。"夏、商、周,初皆地名。《吕氏春秋·本味》:"和之美者,大夏之盐。"《水经·涑水注》:"涑水西南过安邑,禹所都也。"又引《地理志》:"盐池在安邑西南,许慎谓之盐,此即大夏之盐。"殷本称商,在今商州。周,岐周也。

2.24 子曰:"非其鬼而祭之①,谄也②。见义不为,无勇也。"

译文:

孔子说:"不是他的祖宗却要去祭祀,这是谄媚。见了正义的事却不去做,这是没有勇气。"

注释:

①郑玄曰:"人神曰鬼。非其祖考而祭之者,是谄求福也。"《尔雅·释训》:"鬼之为言归也。"《礼记·祭义》:"众生必死,死必归土,此之谓鬼。"《左传》僖公十年:"民不祀非族(类)。"

②《集注》:"谄(chǎn),卑屈也。""谄,求媚也。"谄、谮(zèn)字通。谮,奸也,作伪也。谄,诈伪也。

八佾篇第三

3.1 孔子谓季氏①:"八佾舞于庭②,是可忍也③,孰不可忍也?"

译文:

孔子论季氏:"在私家庭院中竟敢使用64人的舞蹈队列,如果对这样的事可以容忍,还有什么事不能容忍呢?"

注释:

①季氏,指季平子,鲁大夫。据《左传》昭公二十五年及《汉书·刘向传》即季孙意如。据《韩诗外传》,以为季康子。马融注则以为季桓子。

②皇侃疏:"谓者,评论之词。"八佾,佾音 yì,上古一种舞蹈名。每八人为一列,一列称一佾。八佾即八列,64人。周礼制,天子用八佾,贵族用六佾,大夫用四佾,士用二佾。季氏用八佾,非礼。

③忍,容也,宽容。杨伯峻引《贾子·道术》"恻隐怜人谓之慈,反慈为忍",谓"这'忍'字正是此意",殊谬!

3.2 三家者以雍彻①。

子曰:"'相维辟公②,天子穆穆'③,奚取于三家之堂④?"

译文:

孟孙、叔孙、季孙三家在国之社宫收租税。

孔子说:"'看那雄伟的神社之宫,天子庄严肃穆',难道这堂堂之神宫已成为三家的私堂了吗?"

注释：

①三家，鲁国当政的三卿，指季孙氏、孟孙氏、叔孙氏。三家都是鲁桓公之后，故又称"三桓"。田税曰"彻"。彻，即撤，抽也。抽取（提成）曰"彻"。雍，宫也。社宫曰雍。《毛诗序》："雝（雍），禘太祖也。"

②辟公，即辟宫、辟雍，天子神社。相，读为见，视也。维，巍也。

③穆穆，伟美之貌。《尔雅·释诂》："穆穆，美也。"《释训》："穆穆肃肃，敬也。"

④家，宗也。《说文》："家，居也。"此乃汉代之义，非家之本义。《易·帅卦》："开国承家"，荀注："承家，立大夫也。"《左传》桓公二年："诸侯立家。"杜注："卿大夫称家。"大夫之宗邑称家。何焯《义门读书记》："庙制，室外为堂，堂外为庭。"

3.3 子曰："人而不仁，如礼何？人而不仁，如乐何①？"

译文：

孔子说："一个人如果不仁善，有礼仪又能如何？一个人如果不仁善，有音乐又能如何？"

注释：

①皇侃疏："此章亦为季氏出也。季氏僭滥王者礼乐，其既不仁，则奈此礼乐云何？"包咸曰："言人而不仁，必不能行礼乐。"

3.4 林放问礼之本①。

子曰："大哉问②！礼，与其奢也，宁俭；丧，与其易也③，宁戚。"

译文：

林放问用礼的本意。

孔子说："问得好啊！对礼仪，与其奢华，宁可俭朴。办丧事，与其欢乐，不如悲戚。"

注释：

①林放，鲁人，或说为孔子弟子。

②大，读为达。达，晓也。问得在行，即"达哉问"，问得好也。

③易，古音锡，与熙通。熙，欢乐也。旧注或训"易"为"治"为"和"，皆谬！

《礼记·檀弓》："子路曰：'吾闻诸夫子：丧礼，与其哀不足而礼有余也，不若礼不足而哀有余也。'"

3.5 子曰："夷狄之有君①，不如诸夏之亡也②。"

译文：

孔子说："夷狄即使有君上，还不如中原各国没有君上。"

注释：

①夷，东夷。狄，北狄。《尔雅·释地》："九夷、八狄、七戎、六蛮，谓之四海。"郭注："九夷在东，八狄在北，七戎在西，六蛮在南。"《白虎通·礼乐》："夷者，傅夷，无礼仪。"

按杨树达《论语疏证》，夷狄有君指楚庄王、吴王阖庐等。君是贤明之君。句意是夷狄还有贤明之君，不像中原诸国却没有。杨用皇侃疏，亦备一说。

②包咸曰："诸夏，中国也。"亡，通无。所谓夷夏之辨、华夷之别，本此。夷，野也，远也。夏，华夏也。

《汉书·匈奴传》："苟利所在，不知礼义。"《传赞》云："夷狄之人贪而好利，被发左衽，人面兽心，其与中国殊章服，异习俗，饮食不同，言语不通……是故圣王禽兽畜之，不与约誓，不就攻伐；约之则费赂见欺，攻之则劳师而招寇……是以外而不内，疏而不戚。"

3.6 季氏旅于泰山①。

子谓冉有曰："女弗能救与②？"

对曰："不能。"

子曰："呜呼！曾谓泰山不如林放乎③？"

译文：

季氏要去祭祀泰山。

孔子对冉有说："你不能劝阻他吗？"

冉有回答说："不能。"

孔子说："啊呀！难道他认为泰山之神还不如林放懂礼吗？"

注释：

①《洪武正韵》："旅，祀山川名。"旅，祭祀之名，即巡狩。"旅"，又作"胪"。《集解》引《汉书》注："旅，陈也。胪，亦陈也。旅、胪声相近，其义一耳。""旅"异本作"胪"。《史记·六国年表》："位在藩臣，而胪于郊祀。"《仪礼·士冠礼》郑注："古文旅作胪。"泰山之祭为大礼，即封禅，只有天子才能主持。季氏只是鲁国的大夫，竟去祭祀泰山，因之孔子认为是"僭礼"。

②冉有（公元前522年—?），名求，字子有，孔子弟子，小孔子29岁，时为季氏家臣。救，阻止。救、阻古音可通转。

③参看"林放问礼之本"（见3.4）。

3.7　子曰："君子无所争。必也射乎①！揖让而升②，下而饮。其争也君子。"

译文：

孔子说："君子没有与人竞争的事。一定有，那就是比赛射箭。相互行礼谦让而登场，下场后相互敬酒。那种竞争也是君子之争。"

注释：

①古代射礼（详见《仪礼》乡射礼和大射礼），登堂而射，射后计算谁中靶多，中靶少的被罚饮酒。

②揖，揖礼，即鞠躬。

3.8　子夏问曰："'巧笑倩兮①，美目盼兮②，素以为绚兮③。'何谓也？"

子曰："绘事后素④。"

曰："礼后乎⑤？"

子曰："起予者商也⑥！始可与言《诗》已矣。"

译文：

子夏问说："'（她）微笑时真妩媚呀，（她）美丽的眼睛黑白多分明呀，（她）雪白的脸上又擦了绚丽的胭脂啊！'这几句诗是什么意思？"

孔子说："先渲染彩色，仍复归于素洁。"

子夏说："而后就施之以礼仪吗？"

孔子说："启发我的是你卜商啊！以后可以同你一起讨论《诗经》了。"

注释：

①巧，俏也，又通娇。巧笑，微笑。倩，美丽。

②盼，判也，黑白分明。《诗集传》："盼，白黑分也。"《字林》："盼，美目也。"

③绚，炫也，亮丽。

④事，读为施。绘事，即施绘。

⑤礼后乎，倒置语，即"后礼乎"。

⑥起，启也。启发。

3.9 子曰："夏礼，吾能言之，杞不足征也①；殷礼，吾能言之，宋不足征也②。文献不足故也③。足，则吾能征之矣。"

译文：

孔子说："夏代的礼制，我能讲述，（但其后代）杞国则不足深究。殷代的礼制，我也能讲述，（但其后代）宋国也不足深究。文献已经不多了。如果够多，我是能够深究的。"

注释：

①杞，国名，夏之后裔。故城在今河南杞县。南宋王楙《野客丛书》卷三："《礼运》孔子曰：'我欲观夏道，是故之杞，而不足征也。吾得夏时焉。我欲观殷道，是故之宋，而不足征也。吾得坤乾焉。'读此知《论语》'夏礼，吾能言之，杞不足征也；殷礼，吾能言之，宋不足征也。'益于之字上点句。"其说应是。此句应断作："夏礼，吾能言；之杞，不足征也。殷礼，吾能言；之宋，不足征也。"

②宋，国名，商之后裔，故城在今河南商丘市南。国土最大的时候，有今河南商丘以东、江苏徐州以西之地。战国时为齐、魏、楚三国所共灭。

"征"有二解：通证，表证；征问，探究。

③《论语》的"文献"包括历代的历史文件和当时的贤者两项。朱熹《集注》云:"文,典籍也;献,贤也。"(杨伯峻有此说,录以备考。)

3.10 子曰:"禘自既灌而往者,吾不欲观之矣①。"

译文:

孔子说:"对于禘祭,在实行裸灌之礼以后,我就不想看了。"

注释:

①禘,禘礼是古代一种极为隆重的大祭之礼。孔安国疏:"禘祫之礼,为序昭穆。故毁庙之主及群庙之主,皆合食于太祖庙。"

《正义》云:"禘礼之说,千古聚讼。"《尔雅·释天》:"禘,大祭也。"《公羊传》文公二年:"大祫者何?合祭也。"禘与祫,先灌(裸)后荐。荐礼,或曰荐饮食,或曰荐枕席,皆有"合男女"之义。《礼记·祭统》:"君执圭瓒灌尸。"灌尸即灌神。灌尸之汤以香草百药配合。《王度记》:"天子以鬯,诸侯以薰,大夫以兰芝,士以萧,庶人以艾。""灌"异本作"裸",祭社之礼后洗浴而"祫",即"合男女",男欢女乐。祭社古礼有裸为戏者。《诗经·大雅·文王》:"殷士肤美(敏),裸将于京。"

3.11 或问禘之说。

子曰:"不知也。知其说者之于天下也,其如示诸斯乎!"指其掌①。

译文:

有人请教关于禘祭的道理。

孔子说:"我不懂啊。如果天下有懂的人,不如就请他来把道理摆在这里吧。"孔子指着自己的手掌。

注释:

①《尔雅·释诂》:"指,示也。"旧注以为鲁作禘违逆,故孔子讳言之,谬。禘之灌礼以下有男女裸会的内容,故孔子谓之不解,不解其所由来也。

3.12 祭如在,祭神如神在。

子曰:"吾不与祭①,如不祭。"

译文:

祭祀祖先,要仿佛祖先就在面前。祭祀神,要仿佛神就在面前。

孔子说:"我们祭祀时不能全心投入,那还不如不祭祀。"

注释:

①吾,设言,我们。与(yù),参与,投入。

3.13　王孙贾问曰①:"与其媚于奥②,宁媚于灶③,何谓也?"

子曰:"不然。获罪于天,无所祷也④。"

译文:

王孙贾问道:"有人说'与其讨好于方隅之神,宁可讨好灶神',这是什么意思呀?"

孔子说:"搞不懂呀!但如果已经得罪了上天,那么向谁祈祷也没有用呀!"

注释:

①王孙贾,卫之大夫。灵公之宠臣,执兵权。《白虎通·姓名》:"王者之子称王子。王者之孙称王孙。"《正义》引:"王孙贾自周出仕于卫也。""卫灵公之臣王孙贾治军旅。"孔颖达曰:"王孙贾,卫大夫。奥,内也,以喻近臣。灶以喻执政。贾执政者,欲使孔子求昵之。"皇侃疏:"时孔子至卫,贾诵此旧语以感切孔子,欲令孔子求媚于己,如人之媚灶也。"媚,亲顺也。

或曰:"子见南子,子路不悦,盖疑夫子欲因南子以求仕也。然当是时不独子路疑之,王孙贾亦疑之矣。媚奥之讽,殆指南子而言也。""奥者,室中深隐之处,以比南子。灶是明处,盖谓借援于宫闱之中,不如求合于朝廷之上耳。""当灵公之时,政权操于南子、弥子瑕之手……孟子云:'弥子之妻与子路之妻兄弟也。'弥子使人告子路曰:'孔子主我,卫卿可得也。'"

②奥,又作隩,西南角曰隩,即隅也。古俗于屋之"奥"处设神位,即先天卦之乾位。

③灶，灶神，火神，炎帝、祝融也。《四书稗疏》："五祀夏祭灶。灶者火之主。"《四书辨证》："奥、灶是一神。"

④《春秋繁露·郊祭》："天者，百神之大君也。事天不备，虽百神犹无益也。"孔安国曰："天以喻君也。""祷"者，《说文》云："告事求福也。"

3.14 子曰："周监于二代①，郁郁乎文哉②！吾从周③。"

译文：

孔子说："周朝借鉴了夏、商两代的制度，可谓丰富而多彩啊！我愿意遵从于周代。"

注释：

①二代：夏、商两朝。

②郁郁：丰富深厚。文，美也。

③孔子先祖乃宋公室。宋公室，殷商亡国后之遗族也。宋公室厌恨周，不从周礼。孔子反其道，故而有此言。

3.15 子入太庙①，每事问。

或曰："孰谓鄹人之子知礼乎②？入太庙，每事问。"

子闻之，曰："是礼也！"

译文：

孔子进入太庙，每件事都要发问。

有人说："谁说那个鄹乡人的儿子懂礼呵？他进入太庙，每件事都要问。"

孔子听后说："这正是懂礼呀！"

注释：

①太庙，鲁君先祖之庙。古代开国之君叫太祖，太祖之庙便叫作太庙。周公旦是鲁国最初受封之君，因之太庙即周公庙。

②鄹，读邹，通陬。鄹人之子指孔子。孔子父亲叔梁纥曾任陬邑大夫，以氏为名。

3.16 子曰："射不主皮①，为力不同。科古之道也②。"

译文：

孔子说："参加射礼不一定要中靶，因为人的能力有所不同。参加只是要恪守自古之道啊。"

注释：

①皮，破也。射箭中的曰"破"，即破靶也。《集注》："古者射以观德，但主于中，而不主于贯革（革，以皮靶也）。盖以人之力有强弱，不同等也。《记》曰：'武王克商，散军郊射，而贯革之射息。'"

②科，读为克，奉守曰克，或作恪。

3.17 子贡欲去告朔之饩羊①。

子曰："赐也！尔爱其羊，我爱其礼②。"

译文：

子贡想撤减每月初一祭祀祖庙所用的活羊。

孔子说："阿赐呀！你爱惜的是那只羊，而我更爱惜的是那种礼。"

注释：

①告朔，古祭名。每月初一称朔，月始复苏也，祭新月也。饩羊，献祭之羊。饩，读xì。《周礼·春官·大史》："正岁年以序事，颁之于官府及都鄙，颁告朔于邦国。"蔡邕《明堂月令论》："古者诸侯朝正于天子，受月令以归而藏诸庙中，天子藏之于明堂，每月告朔朝庙。"

②此孔子所言之"礼"，是指作为一种祭祀规制的制度。

3.18 子曰："事君尽礼，人以为谄也①。"

译文：

孔子说："我侍奉君主完全遵照礼仪，别人却认为我是在献媚呢。"

注释：

①巴结奉承曰"谄"。《荀子·修身》："以不善先人者谓之谄，以不善和人者谓之谀。"

3.19　定公问①:"君使臣,臣事君,如之何?"
孔子对曰:"君使臣以礼,臣事君以忠。"

译文:

定公问孔子:"国君使用臣僚,臣僚侍奉国君,双方应该怎样做?"
孔子说:"君主使用臣下要遵守礼,臣子奉侍君主要尽忠!"

注释:

①定公,鲁君,名宋。昭公庶弟,继昭公而立,在位15年(公元前509年—前495年)。"定"是谥号。

3.20　子曰:"《关雎》①,乐而不淫②,哀而不伤。"

译文:

孔子说:"《关雎》这首诗,欢乐而不放纵,愁思而不哀伤。"

注释:

①《关雎》,《诗经·国风》首篇。
②淫,逸也,今语"野",谓放纵。

3.21　哀公问社于宰我①。
宰我对曰:"夏后氏以松②,殷人以柏,周人以栗,曰,使民战栗。"
子闻之,曰:"成事不说,遂事不谏③,既往不咎④。"

译文:

哀公为种植社木而请教宰我。
宰我回答:"夏朝用的是松木,殷代用柏木,周朝则用栗木,就是要使百姓战栗啊。"
孔子听到后,说:"已成之事不必再提,已过之事难以更改,过去的事不必去追究了。"

注释:

①宰我,名予,孔子弟子,字子我。
社,《鲁论》作"问主",《古论》作"问社"。主即社也。社,土地神。神社有社林,象征林木之神。主,柱也,木主也。"社"异体作

"祏",亦木主也。中国古代宗教,崇拜天、地、人。天,天神,日、月、星、宇宙。人,人祖,已逝之祖先。地,地灵。一是土地,以土石为象征。《小宗伯》注云"社主盖用石"。惠士奇《礼说》:"《宋史志》:'社以石为主,长五尺,方二尺,剡其上,培其半。先是州县社主不以石,礼部以为社稷不屋而坛,当受霜露风雨以达天地之气,故用石主,取其坚久,请令州县社主用石,尺寸广长半大社之制,从之。'"二是土地上的生命即林木之神与生物之神。林神,即社主,又称田主。林神亦为百草五保之神,即"稷"神。《周礼·地官·大司徒》:"邦国都鄙……设其社稷之墠而树之田主。"郑注:"田主,田神后土田正之所依也,诗人谓之田祖。"后土即田神,田正即稷神。三是生物之神即龙(鳄鱼)。《说文》:"社,地主也。"《左传》昭公二十九年曰共工之子句龙为社神。共工即水神洪江。句龙即巨龙、蛟龙,鳄鱼也。鳄鱼穴居,故上古以之为大地之神灵。

②后,《尔雅·释诂》:"君也。"

③谏,《白虎通·谏诤》:"谏者,间也,更也。"

④既,已也。咎,究,责罪。

3.22 子曰:"管仲之器小哉①!"

或曰:"管仲俭乎?"

曰:"管氏有三归②,官事不摄,焉得俭③?"

"然则管仲知礼乎?"

曰:"邦君树塞门④,管氏亦树塞门。邦君为两君之好,有反坫,管氏亦有反坫⑤。管氏而知礼,孰不知礼?"

译文:

孔子说:"管仲的器量很小啊!"

有人问:"管仲节俭吗?"

孔子说:"管仲有三处家室,各处都有管家,怎能谈得上节俭?"

"那么管仲懂礼仪吗?"

孔子说:"国君之宫门建屏风照壁,管仲也在家宅前建照壁。国君为了宴请友邦之君,在堂上设置放酒杯的几座,管仲在家堂中也设置几座。管仲如果懂礼仪的话,谁还不懂礼仪呢?"

注释：

①管仲，春秋初期著名政治家，字仲，名夷吾，曾任齐相，辅佐齐桓公成为春秋五霸之首。

②三归，历代有异说。归、家古音通。三归即三处家室也。"三归"旧的解释有：（一）国君娶三女，管仲也娶了三国之女（《集解》引包咸说，皇侃《义疏》等）；（二）三处家庭（俞樾《群经平议》）；（三）地名，管仲的采邑（梁玉绳《瞥记》）；（四）藏泉币的府库（武亿《群经义证》）。杨伯峻则释"归"为取租，大谬。杨说盖引郭嵩焘《养知书屋文集》卷一，略云："此盖《管子》九府轻重之法，当就《管子》书求之。《山至数篇》曰：'则民之三有归于上矣。'三归之名，实本于此。是所谓三归者，市租之常例之归之公者也。"其说谬。三归，包咸曰："娶三姓女。妇人谓嫁曰归。"《史记·礼书》："管仲之家，兼备三归。"

③俭，简也，减也，省也。官，管也。摄，读如涉，交叉曰涉。各司其事，不相干涉。

④塞门，塞读如色，障也。塞门即门障，屏墙也。树，建树。

⑤反坫，反读如版，坫读如垫。版垫，建于堂上，以陈置酒器。或说以土石筑于两楹（厅堂前部东西各有一柱）之间（详见全祖望《经史问答》）。塞门、反坫本皆诸侯所用，管仲私宅设之，孔子以为非礼。

3.23　子语鲁大师乐①，曰："乐其可知也：始作，翕如也②；从之，纯如也③，皦如也④，绎如也⑤，以成⑥。"

译文：

孔子与鲁国大乐师讨论音乐，说："音乐的道理很容易了解：开始演奏时，低沉；随后，响亮，交错，绵延不绝，直到完成。"

注释：

①大（tài）师乐，即大司乐、大乐师，乐官。古制乐师必以盲人为之。《周礼·春官·序官》郑玄注："凡乐之歌必使瞽矇（盲）为焉，命其贤知者为太师、小师。"贾公彦疏："以其无目，无所睹见，则心不移于音声，故不使有目者为之也。"

②翕如，翕音xī，如读为然。收敛曰"翕然"。

③纯如，纯读为敦，宏大也。
④皦（jiǎo）如，交然，交错而和谐。
⑤绎如，绎，长也，绵长曰绎。
⑥成，定也。

3.24 （卫）仪封人请见①。曰："君子之至于斯也，吾未尝不得见也。"

从者见之。出曰："二三子何患于丧乎②？天下之无道也久矣，天将以夫子为木铎③。"

译文：

（卫国）仪邑司社请求见孔子。他说："只要是君子来到这里，我没有不见一见的。"

随行者让他见了孔子。出来后他说："这几个小子何必忧愁得像丢失了什么呢？天下丧失正道已经很久了，上天将要以孔先生作为木铎（准则）来纠正之。"

注释：

①仪，仪邑，地名，在卫，今河南兰考境。封，封邑之社坛。封人，官名，司社之官。《周官·封人》："掌设王之社壝，为畿封而树之。凡封国封其四疆，造都邑之封城者，亦如之。"郑注："聚土曰封。"《尔雅·释诂》："请，谒告也。"

②患，病也，忧困也。于，如也。于丧，如丧。

③木铎，即"中"（钟），铃铎，古乐器。古代传令官、司礼官、执事官皆持铜铎，以集众传布训令。

郑注《周官·小宰》云："古者将有新令，必奋木铎以警众，使明听也。木铎，木舌也。文事奋木铎，武事奋金铎。"《疏》云："以木为舌，则曰木铎；以金为舌，则曰金铎。"《礼记·地官·鼓人》："以金铎通鼓。"《注》："铎，大铃也。振之以通鼓。"《说文》："铎，大铃也。"李惇《群经识小》："铎如今之铃，中有舌，以绳系之，摇之而出声。"《礼记·明堂位》："振木铎于朝，天子之政也。"《注》："天子将发号令，必以木铎警众。"是木铎为施政教时所设也。《春秋纬》："圣人不空生，必有所制，以显天心，丘为木铎制天下法。"

3.25　子谓《韶》①："尽美矣②，又尽善也。"
谓《武》③："尽美矣，未尽善也。"

译文：

孔子谈及《韶》乐说："真美呀，又真是仁善啊！"
又评论《大武》之乐说："真美啊，但是不够仁善。"

注释：

①《韶》，舜祭日神之乐，又称《大昭》《大明》。
②极，尽也。美，音乐美妙。善，仁善。
③《武》，周武王庆功之乐，以武士执兵器而舞，又称《大武》。

3.26　子曰："居上不宽①，为礼不敬，临丧不哀，吾何以观之哉？"

译文：

孔子说："高居上位却不宽厚，从事礼仪又不恭敬，参加丧礼时也不悲哀，这种人我如何看他呢？"

注释：

①孔子曾在别处反复从正面说："宽则得众。"(《阳货》《尧曰》)

里仁篇第四

4.1 子曰:"里仁为美①。择不处仁②,焉得知③?"

译文:

孔子说:"里巷要有仁爱才是美。居住不安置在有仁爱的地方,怎么能算聪明呢?"

注释:

①"里,邑也。"(《尔雅·释诂》)郑玄注:"里者,民之所居也。"
②"择不处仁",当作"宅不处仁"(《集解》引《考异》)。惠栋《九经古义》引《释名》:"宅,择也。"处,上声,音杵,居住也。
③知,智也。

4.2 子曰:"不仁者不可以久处约①,不可以长处乐。仁者安仁,知者利仁。"

译文:

孔子说:"不仁善的人不可能久处穷困,也不可能久处安乐。仁善者以行仁善为心安,智者以行仁善为利益。"

注释:

①约,穷也。皇侃疏:"约,犹贫困也。"《集注》:"约,穷困也。"

4.3 子曰:"唯仁者能好人,能恶人①。"

译文：

孔子说："只有仁善的人才懂得如何爱人、如何恨人。"

注释：

①好，爱。恶，憎恶。《后汉书·孝明八王传》注引《东观汉记》："（和帝赐彭城王恭）诏曰：'孔子曰：唯仁者能好人，能恶人。'贵仁者所好恶得其中也。"

4.4 子曰："苟志于仁矣①，无恶也。"

译文：

孔子说："只要一心追求仁善，就不会有邪恶。"

注释：

①志，追求。心之所向曰志。(2.4 注①)

4.5 子曰："富与贵，是人之所欲也；不以其道得之，不处也。贫与贱，是人之所恶也；不以其道得之①，不去也。君子去仁，恶乎成名？君子无终食之间违仁，造次必于是②，颠沛必于是。"

译文：

孔子说："财富与显贵，是人人想得到的；不用正当的方法得到，就宁可不要。贫穷与卑贱，是人人都厌恶的；不用正当的方法摆脱，就宁可不摆脱。君子离开仁善，怎么能成就好名声？君子即使吃一顿饭的短暂时间也不会背离于仁善，即使匆促急迫仍会如此，即使颠沛流离也仍会如此！"

注释：

①杨伯峻说"得"应作"去"，可从。
②是，指仁善。

4.6 子曰："我未见好仁者，恶不仁者。好仁者，无以尚之。恶不仁者，其为仁矣，不使不仁者加乎其身。有能一日用其力于仁矣乎？我未见力不足者。盖有之矣，我未之见也。"

译文：

孔子说："我不曾见过喜爱仁善的人，也不曾见过厌恶不仁善的人。爱好仁善的人，至高无上。厌恶不仁善的人，本身就是仁善，因为他不使不仁善沾染于自身。有没有能成天将全部力气用于实践仁善者呢？我没有见过能力不够的。也许有，但我没有见过。"

4.7 子曰："人之过也，各于其党①。观过，斯知仁矣②。"

译文：

孔子说："人们犯错误，总是会有同类的错误。观察别人犯过的错误，也就知道什么才是仁善了。"

注释：

①于，读为有。党，类也。

②《后汉书·吴祐传》引此文"仁"作"人"。读"仁"是也，老子云"天下皆知美之为美，斯恶矣"，义略同此。

4.8 子曰："朝闻道，夕死可矣。"

译文：

孔子说："早晨知道了真理，晚上去死也值得。"

4.9 子曰："士志于道，而耻恶衣恶食者，未足与议也。"

译文：

孔子说："一个士人如果立志追求真理，却又耻于穿得差、吃得差，就不值得同他谈论什么了。"

4.10 子曰："君子之于天下也，无适也，无莫也①，义之与比②。"

译文：

孔子说："君子对于天下之事，没有一定可以做的，没有一定不可以做的，就看它是否合于礼仪。"

注释：

①或说："无适，读为'无敌'。无莫，读为'无慕'。"意为"无所为仇，无所欣羡"。

②义，礼仪。比，比较。以礼仪与之相比。杨伯峻说：比，去声，bì，挨着，靠拢，为邻。"从孟子和以后的一些儒家看来，孔子主张'无必无固'（见9.4），通权达变，'可以仕则仕，可以止则止，可以久则久，可以速则速'（《孟子·公孙丑上》），唯义是从，叫作'圣之时'。"

4.11　子曰："君子怀德，小人怀土①。君子怀刑②，小人怀惠③。"

译文：

孔子说："君子心中怀想德行，小人心中怀想乡土。君子心中怀想法度，小人心中怀想利益。"

注释：

①土，乡土。解为田土，亦通。

②刑，古代法律制度的"刑"作"型"（型，范型），刑罚的"刑"，从刀井，后来都写作"刑"了。此"刑"字应该解释为法度。

③惠，利也。

4.12　子曰："放于利而行①，多怨②。"

译文：

孔子说："放任人只追求私利而行动，会使人们互相结怨。"

注释：

①放，放任。

②多怨：由相互争利而生怨。

4.13　子曰："能以礼让为国乎，何有①？不能以礼让为国，如礼何②？"

译文：

孔子说："只要能以礼让来治国，那还需要什么呢？若不能以礼让治理国家,那么要礼仪又有何用?"

注释:

①刘宝楠《论语正义》:"何有,不难之词。"

②如礼何:杨伯峻说:"依孔子的意见,国家的礼仪必有其'以礼让为国'的本质,它是内容和形式的统一体。如果舍弃它的内容,徒拘守那些仪节上的形式,孔子说,是没有什么作用的。"

4.14　子曰:"不患无位,患所以立①。不患莫己知,求为可知也②。"

译文:

孔子说:"不要忧虑没有职位,要忧虑如何胜任。不要担心人们不了解你,要努力使自己被人了解。"

注释:

①立,胜任。

②莫,无也。己知,倒置语,知己也。

4.15　子曰:"参乎!吾道一以贯之①。"

曾子曰:"唯。"

子出,门人问曰:"何谓也?"

曾子曰:"夫子之道,忠恕而已矣②。"

译文:

孔子说:"曾参呀!我的思想有一个观点贯穿于始终。"

曾子说:"是。"

孔子去后,弟子们问:"他讲的是什么呀?"

曾子说:"先生的思想,可以归结为中庸与宽恕!"

注释:

①贯,贯穿、统贯。阮元《揅经室集》有"一贯说",认为论语的"贯"字都是"行""事"的意义。

②恕,松也,纵也。宽纵曰恕。即"己所不欲,勿施于人"。忠,中

也，正也，诚也。中，即中庸。忠恕：立身中正，待人宽容。

4.16　子曰:"君子喻于义，小人喻于利①。"

译文:

孔子说："君子追求于道义，小人追求于利益。"

注释:

①喻，欲也，音近相假。欲求，追求。旧说为比喻、晓喻，皆迂曲，不确。

4.17　子曰:"见贤思齐焉。见不贤而内自省也①。"

译文:

孔子说："见到贤人就向他看齐。见到不贤者则向内心反省自己。"

注释:

①省，视也。

4.18　子曰:"事父母几谏①，见志不从，又敬不违②，劳而不怨③。"

译文:

孔子说："侍奉父母要委婉进言，即使他们有自己的心意不听从，也要持敬而不可冒犯，即使自己辛劳也不要抱怨。"

注释:

①几，音jī，轻微。
②违，触忤，冒犯。
③劳，辛劳。

4.19　子曰:"父母在，不远游。游必有方①。"

译文:

孔子说："父母在世时，不要离家远行。如果远行，一定要告知以去向。"

注释:

①方,方向,方位。

4.20 子曰:"三年无改于父之道①,可谓孝矣。"

译文:

孔子说:"三年不改变父亲一贯的做法,就可以称作孝子了。"

注释:

①指孟庄子(见19.18)。此条又见1.11。

4.21 子曰:"父母之年,不可不知也。一则以喜,一则以惧。"

译文:

孔子说:"对父母的年纪,不能不知道啊。一方面为之欢喜,另一方面为之忧惧。"

4.22 子曰:"古者言之不出,耻躬之不逮也①。"

译文:

孔子说:"古人言语不轻易出口,是只怕自己行动做不到啊!"

注释:

①耻,怯也,忌也。逮,古音及,追赶。

4.23 子曰:"以约失之者鲜矣①。"

译文:

孔子说:"由于能俭约而失误的人是很少的!"

注释:

①约,俭约。

4.24 子曰:"君子欲讷于言而敏于行①。"

译文:

孔子说:"君子要慎于言语而勉力行动。"

注释:

①欲,应,应当。讷(nè),木讷,语言迟钝。敏,勉也。旧注为"疾",不确。

4.25 子曰:"德不孤,必有邻①。"

译文:

孔子说:"有德者不会孤立,必定有人同他站在一起。"

注释:

①《易经·系辞》:"物以类聚,人以群分。"又《易经·乾·文言》:"子曰:同声相应,同气相求。"可以作为"德不孤"的解释。

4.26 子游曰:"事君数①,斯辱矣。朋友数,斯疏矣!"

译文:

子游说:"服侍君主靠得过近,会招致侮辱。朋友之间靠得太近,也会招致疏远。"

注释:

①数,音cù,密,亲密。《颜渊篇》(见12.23)说:"子贡问友。子曰:'忠告而善道之,不可则止,无自辱焉。'"也是此意。

公冶长篇第五

5.1　子谓公冶长①:"可妻也。虽在缧绁之中②,非其罪也。"以其子妻之③。

译文:

孔子谈论公冶长说:"可以把女儿嫁给他啊。即使身陷囹圄,也一定不会是他的错。"于是将自己的女儿嫁给了他。

注释:

①公冶长,复姓公冶,名长,孔子弟子,齐国人。

②缧绁,捆缚罪徒之绳索,缧同"累(léi)",绁音xiè。这里指监狱。

③子,好也,女儿古称"好"(古亦音子),男儿称子,即仔(音zǎi)。《诗经·周南·桃夭》:"之子于归。"

5.2　子谓南容①:"邦有道,不废。邦无道,免受于刑戮。"以其兄之子妻之②。

译文:

孔子谈论南容:"国家有道,他不会被废弃。国家无道,他能免遭刑戮。"便把自己的侄女嫁给了他。

注释:

①南容,复姓,即南宫,名适,又作南宫适,字子容,孔子弟子。

②孔子之兄名孟皮,见《史记·孔子世家》索隐注引《孔子家语》。

这时孟皮可能已死,所以孔子替他女儿主婚。

5.3　子谓子贱①:"君子哉若人!鲁无君子者,斯焉取斯?"

译文:

孔子谈论子贱:"这人就是君子啊!如果鲁国没有君子,那么这个人又从何而来呢?"

注释:

①子贱(公元前521年—?),孔子弟子,姓宓(mì),名不齐,字子贱,鲁国人,小孔子30岁。

5.4　子贡问曰:"赐也何如?"

子曰:"女,器也。"

曰:"何器也?"

曰:"瑚琏也①。"

译文:

子贡问道:"我怎么样?"

孔子说:"你,像一件器物。"

子贡问:"什么样的器物?"

答:"就好比瑚琏呀。"

注释:

①瑚琏,音胡连,又音胡辇(niǎn),即簠(fǔ)与簋(guǐ),玉属,名贵,贵族及宗庙祭祀时盛粮食的器皿,方形称簠,圆形称簋。

5.5　或曰:"雍也①,仁而不佞②。"

子曰:"焉用佞?御人以口给③,屡憎于人。不知其仁④,焉用佞?"

译文:

有人说:"冉雍么,虽然仁善,但嘴不够巧。"

孔子说:"要嘴巧何用?讲话快嘴利舌,多数会招人憎厌。我并不知道他仁善,但又何必会花言巧语?"

注释：

①雍，孔子弟子，姓冉，名雍，字仲弓。

②佞，音泞，善狡辩。

③御，借作"语"，御人即语人、讲话。口给：给，捷也。口齿快捷。

④不知其仁：孔子说不知，是否定的另一方式，实际上说冉雍还不能达到"仁"的水平。屡，数也，多次。

5.6 子使漆雕开仕①。

对曰："吾斯之未能信。"

子说。

译文：

孔子让漆雕开去做官。

漆雕开回答说："我对从仕还没有信心。"

孔子听了很高兴。

注释：

①漆雕开，孔子弟子，复姓漆雕，名开，字子开。

5.7 子曰："道不行，乘桴浮于海①。从我者②，其由与③？"

子路闻之喜。

子曰："由也，好勇过我，无所取材④。"

译文：

孔子说："我的主张不能实行，就乘个木筏漂浮到海外。追随我的，也许只有仲由吧？"

子路听了很高兴。

孔子又说："仲由呀，只是好勇的精神超过我，没有可取之才啊！"

注释：

①桴，音fú，即方或舫之同源语词。以竹或木编成排，大的叫筏，小的叫桴。

②从，跟随。

③由，孔子弟子仲由，字子路。

④取，用也。材，通才，才能。又，材，哉也。"无所取材"：其他方面没有用。

5.8　孟武伯问："子路仁乎？"

子曰："不知也。"

又问。

子曰："由也，千乘之国，可使治其赋也①，不知其仁也。"

"求也何如？"

子曰："求也，千室之邑②，百乘之家③，可使为之宰也④，不知其仁也。"

"赤也何如⑤？"

子曰："赤也，束带立于朝，可使与宾客言也⑥，不知其仁也。"

译文：

孟武伯问："子路仁善吗？"

孔子说："不知道。"

孟武伯还要问。

孔子说："仲由这个人，若放在有一千辆兵车的邦国，他可以管理武事，但我不知道他是否仁善。"

"冉求怎么样？"

孔子说："冉求么，放在千户之家的城邑、百辆战车的世家，他可以担任总管，但我不知道他是否仁善。"

"那么公西赤怎么样？"

孔子说："公西赤么，若冠带朝服立于朝廷上，他可以接待来宾，但我也不知道他是否仁善。"

注释：

①赋，武也（《左传》杜预注）。

②邑，乡镇曰邑。《左传》庄公二十八年："凡邑，有宗庙先王之主曰都，无曰邑。"又《公羊传》桓公元年云："田多邑少称田，邑多田少称邑。"

③家，宗也。宗族聚居之邑古称"家"。家读为宗。一家即一族。秦汉前之"家"皆指族。同宗者曰一族。周代之卿大夫由国家封赐土地，实施行政管理，支配当地的劳役，并且收用当地的租税，养颐其宗族。这地方便叫采地或者采邑。"家"也是指这种采邑而言。

④管事称"宰"，大夫家邑的总管也叫作"宰"。所以"原思为之宰"（见6.5）的"宰"为总管，而"季氏使闵子骞为费宰"（见6.9）的"宰"是县长。（参杨伯峻说）

⑤赤，孔子弟子公西赤，字子华。

⑥宾、客两字古义不同。宾者聘也，受聘而来者曰宾，引申则贵客叫宾，天子诸侯的客人叫宾。自来者曰客，过往行人曰客。《周易·需卦》爻辞"不速之客"的"客"即是此意。

5.9　子谓子贡曰："女与回也孰愈①？"

对曰："赐也何敢望耶？回也闻一以知十，赐也闻一以知二。"

子曰："弗如也，吾与女弗如也。"

译文：

孔子对子贡说："你与颜回比谁强？"

子贡答道："我怎敢相比？颜回听了一分，能理解十分；我听了一分，至多理解二分。"

孔子说："是不如啊，我和你这一点都不如他。"

注释：

①愈，越也，超越。或曰：愈，加也，增也。

5.10　宰予昼寝①。

子曰："朽木不可雕也，粪土之墙不可杇也②，于予与何诛③？"

子曰："始吾于人也，听其言而信其行；今吾于人也，听其言而观其行。于予与改是。"

译文：

宰予大白天还在睡觉。

孔子说："朽烂的木头不能雕刻，粪污的土墙不能粉刷。对宰予我还能责备他什么呢？"

孔子又说："起初我对于人啊，听了他的话就相信他的行动；现在我对于人啊，听了他的话还要观察他的行动。由于宰予，我改变了做法。"

注释

①昼，《说文》："日之出入，与夜为界。"寝，郑玄："卧息也。"宋人异说或读昼（晝）为"画（畫）"，不可信。

②杇，音乌，粉刷墙壁叫"杇"。粉墙谓之"杇"（圬）。"共白盛之䕺。"（《周官·裳䕺》）

③诛，责也。《周官·太宰》郑注："诛，责让也。"

5.11 子曰："吾未见刚者。"

或对曰①："申枨②？"

子曰："枨也欲，焉得刚③？"

译文

孔子说："我见不到坚强的人。"

有人答说："申枨呢？"

孔子说："申枨这个人呀，欲望那么多，怎么会坚强呢？"

注释

①或，有人，读为有。或古音从"域"，与有相通，常借为"有"。

②申枨（chéng），孔子弟子，字周。《史记·仲尼弟子列传》有申党，古音"党""枨"相近，"申枨"或就是"申党"。

③欲，孔安国曰："多情欲。"刚，坚也，强也。郑玄注："刚为强志不屈挠。"《说文》："刚，强断也。"

5.12 子贡曰："我不欲人之加诸我也①，吾亦欲无加诸人。"

子曰："赐也，非尔所及也②。"

译文

子贡说："我不愿意别人强加于我，我也不想强加于人。"

孔子说:"阿赐呀,这正是你所做不到的。"

注释:

①加,借为"给"。给,古音及,今之方言仍读为ji。极、加音通。
②及,就也,达到。

5.13 子贡曰:"夫子之文章①,可得而闻也。夫子之言性与天道②,不可得而闻也。"

译文:

子贡说:"老师的文章,我们可以知道。但老师有关人性和天道的论述,我们却不能知道。"

注释:

①《正义》:"文章者,诗书礼乐之谓。"
②性,人的本性。性从生从心,会意。生而具有之心曰性。"性相近也,习相远也。"(见17.2)天道,天体运行的轨道。郑玄曰:"天道,七政动变之占。""七政,日、月、五星也。"《正义》曰:"先王观乎天文,而知寒暑之序,以敬授民时,故以日、月、五星为七政。变动若飞伏进退之类。"《说文》云:"占,视兆纹(原作问)也。"占,即兆也。《左传》昭公十八年子产说:"天道远,人道迩,非所及也。"故孔子罕言。

5.14 子路有闻,未之能行,唯恐有闻①。

译文:

子路每听到一个道理,只要还未实行,就怕再听到新的道理。

注释:

①第二个"有",借为"又"。

5.15 子贡问曰:"孔文子何以谓之'文'也①?"
子曰:"敏而好学,不耻下问,是以谓之'文'也。"

译文:

子贡问:"孔文子凭什么可以被称为'文'?"

孔子说:"他聪明好学,不耻于向地位比自己低的人请教,因此他可以称为'文'啊。"

注释:

①孔文子,卫国的大夫孔圉。"文"是其谥号。"子"是尊称。

此则当作于哀公十五年,孔子归国后,孔圉死,孔子为之命谥。时子路任孔圉邑宰。杨伯峻说:"考孔文子死于鲁哀公十五年,或者在此稍前;孔子卒于十六年夏四月,那么,这次问答一定在鲁哀公十五年到十八年初的一段时间内。"

5.16 子谓子产①:"有君子之道四焉:其行己也恭,其事上也敬,其养民也惠,其使民也义②。"

译文:

孔子谈论子产:"子产在四个方面实践了君子之道:言行举止庄重,侍奉君上恭敬,教养人民有爱心,使用民力有适度。"

注释:

①子产,公孙侨,字子产,郑穆公之孙,为春秋时郑国的贤相,在郑简公、郑定公之时执政22年。杨伯峻说:"其时,于晋国当悼公、平公、昭公、顷公、定公五世,于楚国当共王、康王、郏敖、灵王、平王五世,正是两国争强、战争不息的时候。郑国地位冲要,而周旋于这两大强国之间,子产却能不低声下气,也不妄自尊大,使国家得到尊敬和安全,的确是古代中国的一位杰出的政治家和外交家。"

②"义者,宜也。"(《释名》)适宜,适度。此非指礼义。

5.17 子曰:"晏平仲善与人交①,久而敬之。"

译文:

孔子说:"晏平仲善于与人交往,相交越久,别人越敬重他。"

注释:

①晏平仲,即晏婴,齐景公之相。齐国的贤大夫。"平",其死后之谥。《史记》有他的传记。《晏子春秋》保存了他的政治思想和事迹,过去

有人怀疑此为伪书。1987年银雀山出土汉简中有《晏子春秋》，证明书不伪。

5.18　子曰："臧文仲居蔡①，山节，藻棁②，何如其知也③？"

译文：

孔子说："臧文仲的居室像乌龟壳，斗拱如山，梁柱间雕刻花草，难道他也就具有了灵龟的智慧吗？"

注释：

①臧文仲又作臧平仲，即臧孙辰（？—前617年），鲁之大夫，"文"乃其谥，"仲"乃其排行也。

《礼记·檀弓》："幼名，冠字（二十而冠，冠以命字，冠而称子），五十乃称伯、仲。"《白虎通·姓名》："长幼兄弟，号曰伯仲叔季也。嫡长称伯。庶长称孟。其次称仲、叔、季。"

蔡，蔡龟。郑玄注："蔡，国君之守龟也。龟出于蔡，故得以为名焉。"《淮南子·说山训》："大蔡神龟，出于沟壑。"高诱注："大蔡，元龟之所出地名。因名其龟为大蔡，臧文仲所居蔡是也。"

②节，柱头斗拱。棁，读如棳，屋梁木短柱。藻，藻饰。山节，斗拱拱起如山，形容大也。藻棁，短柱描画藻饰。

③知，读为智。孔子认为臧平仲非大智者。《孔子家语》："颜回问于孔子曰：'臧文仲、武仲孰贤？'孔子曰：'武仲贤哉！'颜回曰：'武仲世称圣人，而身不免于罪，是智不足称也；好言兵讨，而挫锐于邾，是智不足名也。夫文仲其身虽殁，而言不朽，恶有未贤？'孔子曰：'身殁言立，所以为文仲也。然犹有不仁者三，不智者三，是则不及武仲也。'"又，《左传》文公二年：仲尼曰："臧文仲，其不仁者三，不知者三。下展禽，废六关，妾织蒲，三不仁也。作虚器，纵逆祀，祀爰居，三不知也。"

5.19　子张问曰："令尹子文三仕为令尹①，无喜色；三已之②，无愠色。旧令尹之政，必以告新令尹。何如？"

子曰："忠矣。"

曰："仁矣乎？"

曰:"未知。焉得仁?"

"崔子弑齐君③,陈文子有马十乘④,弃而违之。至于他邦,则曰:'犹吾大夫崔子也。'违之。之一邦,则又曰:'犹吾大夫崔子也。'违之。何如?"

子曰:"清矣⑤。"

曰:"仁矣乎?"

曰:"未知。焉得仁?"

译文:

子张问道:"令尹子文三次被任命为令尹,并不显得高兴;三次被免职,也没有抱怨。每次移交权力必将政事告知新令尹。这种人怎么样?"

孔子说:"这就是忠诚啊。"

问:"仁善吗?"

说:"不知道。这怎能谈得上仁?"

"崔杼弑杀齐君,陈文子丢弃了家中的十乘车马,逃离齐国。但到了一个国家,说:'这里(的执政者)还是像我们齐国大夫崔杼。'于是离开。又到一个国家,又说:'这里(的执政者)还是像我们齐国大夫崔杼。'于是又离开。这个人怎么样?"

孔子说:"他很明白呀。"

问:"仁善吗?"

孔子说:"不知道。怎能谈得上仁呢?"

注释:

①令尹子文,楚国相叫令尹。令尹,殷商官制名,非周之官名也。楚从殷礼,故以为名。孔安国疏:"令尹子文,楚大夫,姓斗,名縠(音构),字於菟(音乌徒)。"

②已,止也。据《左传》,子文于鲁庄公三十年开始做令尹,到僖公二十三年让位给子玉,其中相距28年。在这28年中可能有几次被罢免又被任命,《国语·楚语》下说:"昔斗子文三舍令尹,无一日之积。"

三,古为多数之词,非必为三也。汪中《述学别录》:"《论语》'子文三仕三已',《史记》'管仲三仕三见逐于君,三战三走'……此不必其果为三也。故知三者,虚数也。"

③崔子，崔杼，齐之大夫。齐君，齐庄公，名光。崔子弑齐君：事见《左传》襄公二十五年。

④陈文子，齐大夫，名须无。文子出奔，《春秋》经传皆无记述。

⑤清，《说文》云："澄水之貌。"马融曰："纯洁也。"皇侃疏引李充："违乱求治，不污其身，清矣。"

5.20 季文子三思而后行①。

子闻之，曰："再，斯可矣②。"

译文

季文子每做一件事都要考虑多次才行动。

孔子得知后，说："反复一下，也就可以了。"

注释

①季文子（？—前568年），即季孙氏，名行父，鲁之大夫。"文"是其谥。历仕鲁国文公、宣公、成公、襄公诸代。孔子生于襄公二十二年，文子死在襄公五年。三思，即"三省"。

②《唐石经》作"再思"，有"思"字。宦懋庸《论语稽》说："文子生平盖祸福利害之计太明，故其美恶两不相掩，皆三思之病也。其思之至三者，特以世故太深，过为谨慎；然其流弊将至利害徇一己之私矣。"

5.21 子曰："宁武子①，邦有道，则知。邦无道，则愚。其知可及也，其愚不可及也。"

译文

孔子说："宁武子这人，当国家有道，就显出聪明；国家无道，就装作愚笨。他的聪明别人可以比，他的这种'愚笨'就没有人能比了。"

注释

①宁武子，卫大夫，姓宁，名俞，武是其谥。宁为封邑，以邑为氏者也。《正义》引《春秋分纪》谓"庄子速之子"。

5.22 子在陈①，曰："归与！归与！吾党之小子狂简②，斐然成章，不知所以裁之③。"

译文:

孔子在陈国,说:"回去吧!回去吧!我们学团的孩子们太狂放,才华外露,不知怎样可以约束!"

注释:

①陈,国名,姓妫(guī)。周武王灭殷以后,将舜的后代叫妫满的封于陈,春秋时拥有现在河南开封以东、安徽亳州以北一带地方,都于宛丘,即今天的河南淮阳县。

《集释》引《四书释地续补》:"孔子在陈凡二次:一居于鲁定公十五年丙午,哀公元年丁未,二年戊申。一居于哀公二年戊申,三年己酉,四年庚戌。"

②孔子之学团实际是当时一种政党(说详何新《儒家是中国的政党》,见《孔子年谱新编》)。狂简,又作"狂狷"。

③"裁",剪裁。《集注》:"裁,割正也。"

5.23　子曰:"伯夷、叔齐不念旧恶①,怨是用希②。"

译文:

孔子说:"伯夷、叔齐不记旧仇,所以很少有怨恨。"

注释:

①伯夷、叔齐,孤竹君两子,异母。父死,互相让位,都逃到周文王那里。周武王起兵伐商,他们拦住车马劝阻。周朝统一天下,他们以吃周朝的粮俸为耻,饿死于首阳山。皇侃疏:"孤竹之国,是殷汤……所封……父姓墨台。"

《汉书·地理志》:"孤竹城,伯夷之国,君姓墨胎氏。"胎、台古通。"辽西郡令支有孤竹城。"《尔雅·释地》:"觚竹列于四荒。"

旧恶,《四书改错》:"此恶字即是怨字……旧恶即夙怨也。"

②希,少也。

5.24　子曰:"孰谓微生高直①?或乞醯焉②,乞诸其邻而与之③。"

译文:

孔子说:"谁说微生高悭吝?向他要一点儿醋,他到邻居家求来给人。"

注释：

①微生高，鲁人，或说孔子弟子。《庄子》《战国策》诸书载有尾生高痴情故事："信如尾生，期而不至，抱梁而死。"说他和一位女子约会桥下，女子不来，他却死等，水涨了都不走，终于淹死。微、尾古音相近，字通。直，古音与"坚"通，借为"悭"也。

②醯读昔，即醋，又作"酢"。《说文》："酸，酢也。关东谓酢曰酸。"

③乞，求也。乞音与请通，与求亦通。

5.25 子曰："巧言、令色、足恭①，左丘明耻之②，丘亦耻之。匿怨而友其人，左丘明耻之，丘亦耻之。"

译文：

孔子说："美妙的言辞、乖巧的神色、卑下而恭顺，左丘明认为讨厌，我孔丘也认为讨厌。心藏怨恨，而与仇人为友，左丘明认为可耻，我孔丘也认为可耻。"

注释：

①巧，俏也，美也。巧言，美言。令，灵也。乖巧曰灵。令色，即色厉内荏之厉色。足恭，伺恭，貌似恭顺也。孔安国疏："心内相怨而外诈亲也。"

②左丘明，鲁之大夫，年长于孔子。孔安国疏："左丘明，鲁太史。"徐中舒说，左丘明乃鲁之瞽史。司马迁称左丘明为鲁之君子，失目。先周时代，以瞽矇为乐官，亦为讲史者，传讲历史即《春秋》。

历来相传左丘明为《左传》的作者，不确。《左传》书后于孔子。左丘明是鲁《春秋》的传述者，孔子之友，将《春秋》传孔子。孔子传子夏。司马迁在《报任安书》中说："左丘失明，厥有国语。"所说"国语"，当即指鲁《春秋》。钱穆、徐中舒、金德建认为《左传》作者是子夏或子夏弟子吴起，可信。子夏，卫人。左氏，地名，卫邑，《韩非子》谓吴起、子夏均出其地。

5.26 颜渊、季路侍。

子曰："盍各言尔志①。"

子路曰："愿车马衣裘与朋友共，敝之而无憾②。"
颜渊曰："愿无伐善，无施劳③。"
子路曰："愿闻［夫］子之志。"
子曰："老者安之，朋友信之，少者怀之④。"

译文

颜渊、季路侍立。

孔子说："可以谈谈你们各自的志向。"

子路说："我愿以自己的车马、皮袍和朋友共享，用坏了也不遗憾。"

颜渊说："我愿做到不夸耀自己的长处，不炫耀自己的功劳。"

子路说："希望听听老师的志向。"

孔子说："我愿使老年人得到安慰，使朋友们互相信任，使年轻人互相友爱。"

注释

①侍，峙也，站立。盍，通可。

②敝，败也，破也。

③施，示也，显示。

④怀，惠也，怀爱。

5.27　子曰："已矣乎！吾未见能见其过而内自讼者也①。"

译文

孔子说："算了吧！我从未见到能发现自己的过错并且能在内心作自我责备的人。"

注释

①讼，咎也，责也。《正义》引包咸注："讼，犹责也。"

5.28　子曰："十室之邑，必有忠信如丘者焉，不如丘之好学也。"

译文

孔子说："即使是十户人家的小镇，也必会有像我一样忠诚可信的人，只是他们不如我这样好学罢了。"

雍也篇第六

6.1　子曰："雍也，可使南面①。"

译文：

孔子说："冉雍啊，可以让他做一方诸侯。"

注释：

①面，向也。南面，古代以坐北朝南为尊贵（说详王引之《经义述闻》）。郑玄注："可使南面者，言任诸侯治。"

6.2　仲弓问子桑伯子①。

子曰："可也，简。"

仲弓曰："居敬而行简，以临其民，不亦可乎？居简而行简，无乃大简乎？"

子曰："雍之言然。"

译文：

仲弓问孔子关于桑伯子。

孔子说："可以，他处事简易。"

仲弓说："从谨慎恭敬出发而求简，以此面对百姓，不是可以吗？但如果只是为图省事而求简，岂不是太简单了吗？"

孔子说："你讲得对。"

注释：

①仲弓，即冉雍，字仲弓。

桑伯子，此人失考。有人以为就是《庄子》里的子桑户，又有人以为就是秦穆公时的子桑（公孙桑）。称"伯子"，贵族也。《说苑·修文》有子桑伯子的一段故事，说他"不衣冠而处"，孔子认为他"质美而无文"。

6.3　哀公问："弟子孰为好学？"

孔子对曰："有颜回者好学。不迁怒，不贰过，不幸短命死矣①。今也则亡，未闻好学者也。"

译文：

鲁哀公问道："你诸弟子中谁最好学？"

孔子答道："有个叫颜回的最好学。他不迁怒于人，不犯同样的错误，不幸短命死了。现在啊没有了，再不知道谁是好学的人了。"

注释：

①《公羊传》把颜渊的死列在鲁哀公十四年（公元前481年），其时孔子年71岁。依《史记·仲尼弟子列传》，颜渊少于孔子30岁，则死时年41岁。

6.4　子华使于齐①，冉子为其母请粟。

子曰："与之釜②。"

请益，曰："与之庾③。"

冉子与之粟五秉④。

子曰："赤之适齐也，乘肥马⑤，衣轻裘。吾闻之也：君子周急不继富⑥。"

译文：

子华出使去齐国，冉有替子华的母亲请求孔子补贴点小米。

孔子说："给她一釜（约6斗4升）。"

冉有请再加一点，孔子说："再给她一庾（约2斗4升）。"

于是冉有给了她五秉小米（约80石）。

孔子说："公西赤去齐国呀，乘坐壮马拉的车，穿着轻暖的皮裘。我听说过这么一句话：君子救济急难但不增益富贵。"

注释：

①子华，公西华，又名公西赤，孔子弟子，小孔子42岁。

②《论语》中孔子弟子称"子"的仅为曾参、有若、闵子骞和冉有。冉子即冉有。

釜（fǔ），古量器单位。一釜约6斗4升（约当今日1斗2升8合），可食一月。粟，小米。

③庾（yǔ），量器单位，约2斗4升（约当今日4升8合）。

④秉，量器单位，约16斛（hú），五秉则是80斛。古代以10斗即一石为斛，所以计为80石。南宋的贾似道改为5斗一斛，一石两斛，沿用到民国初年。周秦的80斛合今天的16石。

⑤乘肥马，乘坐骏马拉的车子。

杨伯峻说："不能解释为'骑肥马'。因为孔子时穿着大袖子宽腰身的衣裳，是不便于骑马的。直到战国时的赵武灵王才改穿少数民族服装，学习少数民族骑马射箭，以便利于作战。在所有经书中找不到骑马的文字，只有《曲礼》有'前有车骑'一语，但《曲礼》的成书在战国以后。"

⑥周，后人写作"赒"，救济。继，读为济，增益。

6.5 原思为之宰①，与之粟九百②，辞。

子曰："毋！以与尔邻里乡党乎③！"

译文：

原思给孔子管家，孔子给他900（斗）小米，原思拒绝。

孔子说："不要推辞，拿去分给你的邻里乡族吧。"

注释：

①原思，孔子弟子原宪，字子思，宋人，小孔子36岁。宰，主事曰宰。孔子为鲁司寇，以原思为家邑宰（包咸注）。孔子仕鲁，奉粟（年）6万。

②九百，下无量名。

③邻里，邻即连。古编户单位。里，古乡邑单位。5家为连，25家为里。12500家为一乡，500家为一党。

何按：以上两则殊可注意。孔子作为导师，对其学生赠以粮粟。则诸学生与孔子关系亦近于后之养士和寄客乎?

6.6 子谓仲弓,曰:"犁牛之子,骍且角①。虽欲勿用,山川其舍诸②?"

译文:

孔子谈论仲弓,说:"他是耕牛之犊,毛色通红且有硬角。虽然有人不想用他,但是山川之神难道会放弃他吗?"

注释:

①仲弓,孔子学生冉雍。犁牛,耕牛。骍,赤色。周朝以赤色为贵,所以祭祀的时候也用赤色的牲畜。古代供祭祀的牺牲不用耕牛,而且认为耕牛之子也不配做牺牲。

②用,义同《左传》"用牲于社"之"用",杀之以祭也。其,意义同"岂"。诸,"之乎"两字的合音。

据《史记·仲尼弟子列传》,仲弓的父亲是贱人,仲弓却是"可使南面"的人才。因此孔子说了这番话。孔子的意思是,耕牛之子如果优秀,山川之神也一定会接受。仲弓这样出色的人才,难道会因为他出身卑贱就舍弃不用吗?这一则正是孔子"有教无类"思想的反映。

6.7 子曰:"回也,其心三月不违仁,其余则日月至焉而已矣。"

译文:

孔子说:"颜回呀,他的思想三个月都不会离开仁善,其他人不过偶尔考虑一下而已。"

6.8 季康子问:"仲由可使从政也与①?"

子曰:"由也果,于从政乎何有②?"

曰:"赐也可使从政也与?"

曰:"赐也达,于从政乎何有?"

曰:"求也可使从政也与③?"

曰:"求也艺,于从政乎何有?"

译文：

季康子问："仲由可以让他从政吗？"

孔子说："仲由呀很果断，从政又有何难？"

又问："端木赐能让他从政吗？"

孔子说："端木赐呀，很通达，从政又有何难？"

又问："冉求能让他从政吗？"

孔子说："冉求呀，多才多艺，从政又有何难？"

注释：

①季康子，鲁大夫，哀公时主国政。仲由，子路。

②何有，有，读为忧，难也。皇侃疏引卫瓘："何有者，有余力也。"不确。

③赐，即端木赐，字子贡。求，冉求。

6.9 季氏使闵子骞为费宰①。

闵子骞曰："善为我辞焉！如有复我者，则吾必在汶上矣②。"

译文：

季氏要让闵子骞担任费邑的长官。

闵子骞说："婉言替我辞去吧！如果再来找我，我就要逃到汶水之北去了。"

注释：

①闵子骞（公元前515年—？），孔子学生闵损，字子骞，比孔子小36岁。孔子学生子路、冉有皆曾为季氏宰。

费，旧音bì，故城在今山东平邑东南70里，时为季氏私邑。

②汶上，汶音wèn，水名，就是山东的大汶河，当时为齐鲁之界河。桂馥《札朴》云："水以北为阳，凡言某水上者，皆谓水北。"故"汶上"指齐国。

6.10 伯牛有疾①，子问之，自牖执其手②，曰："亡之③，命矣夫！斯人也而有斯疾也！斯人也而有斯疾也！"

译文：

伯牛有病，孔子去看望他，从窗外握住他的手，说："不行了，这是命呵！这样的人竟会生这样的病！这样的人竟会生这样的病！"

注释：

①伯牛，孔子弟子冉耕，字伯牛。《集解》引包咸注："牛有恶疾，不欲见人，故孔子从牖执其手也。"伯牛患疠疾，即麻风病。疠，大厉，即麻风。天花、麻风，古称疠疾。

②牖（yǒu），窗口。

③亡，无也，即今语"不行了"。

6.11 子曰："贤哉，回也！一箪食①，一瓢饮，在陋巷。人不堪其忧，回也不改其乐。贤哉，回也！"

译文：

孔子说："好啊，颜回！只要有一盘饭，一瓢水，住在狭窄破陋的巷子里，别人忍受不了那忧苦，而颜回却不会改变他的快乐。多么好啊，颜回！"

注释：

①箪，音单，古代盛饭的竹器，圆形。

6.12 冉求曰："非不说子之道，力不足也。"

子曰："力不足者，中道而废，今女画①。"

译文：

冉求说："我并不是不喜欢您的学说，而是我的能力不够。"

孔子说："能力不够，至少走到中途才废止，而现在你是画出一道线就不走了。"

注释：

①女，汝也。画，划也，分划。《集注》："谓之画者，画地自限也。"

6.13 子谓子夏曰："女为君子儒，无为小人儒①。"

译文：

孔子对子夏说:"你要做君子式的儒者,不要做小人式的儒者。"

注释：

①《论语述何》:"君子儒,所谓'贤者识其大'者。小人儒,所谓'不贤者识其小'者。识大者方能明道,识小者易于矜名。子游讥子夏之门人小子是也。孙卿以为子夏氏之陋儒矣。"又《论语补疏》:"此小人当以'言必信,行必果,硁硁然小人哉'语为之注脚……子夏规模狭隘……故圣人进之以远大。"

《群经平议》:"所谓小人儒者,犹云'先进于礼乐,野人也'。所谓君子儒者,犹云'后进于礼乐,君子也'。古人之辞,凡都邑之士谓之君子。"《左传》昭公二十七年"左司马沈尹戌帅都君子"。杜预注:"都君子,在都邑之士。"都人谓之君子,故野人谓之小人。孔子责子路曰:"野哉,由也。"责樊迟曰:"小人哉,樊须也!"其义一也。

此说是。小人儒,野人之儒也。子夏出身寒微,故或被讥为"小人"。

6.14 子游为武城宰①。

子曰:"女得人焉耳乎②?"

曰:"有澹台灭明者③,行不由径④,非公事,未尝至于偃之室也。"

译文：

子游做武城之长。

孔子问:"你见到人才没有?"

子游说:"只有那个叫澹台灭明的人,走路不走小路,不为公事从来不进我的屋子。"

注释：

①武城,鲁邑,在今山东费县西南。

②耳,通行本作"尔"。程树德引阮元说:"尔,于此也。"其说是,焉于通。耳,尔也,指此地即武城。

③《论语正义》引《史记·仲尼弟子列传》:"澹台灭明……状貌甚恶,欲事孔子,孔子以为材薄。既已受业,退而修行。"与子游同为孔子

弟子。少孔子 39 岁。

④径，路之小而捷者。(《集注》)

6.15　子曰:"孟之反不伐①。奔而殿②。将入门，策其马，曰:'非敢后也③，马不进也。'"

译文:

孔子说:"孟之反不夸功。军队撤退时他的车驾走在最后。将入城门，才鞭打马，说:'不是我喜欢在后，是马不肯向前呀。'"

注释:

①孟之反，鲁大夫，名之侧，字之反。

②殿，后也。钱大昕《潜研堂集》:"殿从屑得声，臀又从殿取声，人之一身臀居其后，军后曰殿，亦取其义。"奔，北也，败也，败北。鲁哀公十一年(前484年)，齐鲁战，鲁右军败退，孟之反殿后。马融注:"殿，在军后，前曰启。"春秋无骑兵，策马者，驱车驾也。

③敢，通甘，甘心，乐于。

6.16　子曰:"不有祝鮀之佞，而有宋朝之美①，难乎免于今之世矣。"

译文:

孔子说:"如果并没有祝鮀那种乖巧，却像宋朝那样妖媚，在当今难免要受害了。"

注释:

①孔安国曰:"祝鮀，卫大夫子鱼也。时世贵之。宋朝，宋之美人而善淫。"祝，祝史，名鮀。宋朝，宋国的公子朝。王引之《经义述闻》:"而，犹与也。言有祝鮀之佞与有宋朝之美也。"《左传》昭公二十年和定公十四年都曾记载着宋朝因为美丽而惹起乱子的事情。祝鮀初仕卫为大夫，通于宣公夫人宣姜，又通于灵公夫人南子(《左传》定公十四年)。宋朝亦为南子情人。美，读为媚。

6.17 子曰:"谁能出不由户①?何莫由斯道也?"

译文:

孔子说:"谁能出屋而不走门户呢?但为什么没有人愿意走这条大道呢?"

注释:

①《说文》:"半门曰户。"《一切经音义》引《字书》:"一扇曰户,两扇曰门。"

6.18 子曰:"质胜文则野,文胜质则史①。文质彬彬②,然后君子。"

译文:

孔子说:"质朴超过文采,便放野;文采超过质朴,便失逸。文采和质朴相辉映,才能成为君子。"

注释:

①史,失也。
②彬彬,即斑斑,相映相配也。

6.19 子曰:"人之生也直,罔之生也幸而免①。"

译文:

孔子说:"人活着要正直,不可为侥幸求生而逃避。"

注释:

①此句自古无确解。罔,无也。之,动词,去也,求也。生,生命。幸,倖也,侥幸。免,逃免,逃避。

6.20 子曰:"知之者不如好之者,好之者不如乐之者①。"

译文:

孔子说:"理解它(真理、道)不如爱好它,爱好它不如以它为快乐。"

注释:

①程树德曰:"此章指学问而言。"其说是。

6.21 子曰:"中人以上,可以语上也①。中人以下,不可以语上也。"

译文:

孔子说:"中等以上的才智,就可以对他讲高尚的道理。中等以下的才智,就不可以对他讲高尚的道理。"

注释:

①上,尚也,高尚的道理。

6.22 樊迟问知。
子曰:"务民之义①,敬鬼神而远之,可谓知矣。"
问仁。
曰:"仁者先难而后获②,可谓仁矣。"

译文:

樊迟问怎样才算聪明。

孔子说:"努力尽一个臣民的义务,敬重鬼神而远离它,就可以算聪明。"

又问怎样才算仁善。

孔子说:"仁人遇到困难挺身迎受,就可以称作仁善。"

注释:

①务,致力。义,义务。
②获,得也,受得,承受。

6.23 子曰:"知者乐水①,仁者乐山。知者动,仁者静。知者乐,仁者寿。"

译文:

孔子说:"智者喜爱水,仁者喜爱山。智者活跃,仁者沉静。智者常乐,仁者长寿。"

注释:

①知,智也。

6.24 子曰:"齐一变,至于鲁;鲁一变,至于道①。"

译文:

孔子说:"齐国变革一下,就能达到鲁国的水平;鲁国变革一下,就能达到先王之道。"

注释:

①《论语笔解》:"道,谓王道,非大道之谓。"

《集注》:"孔子之时,齐俗急功利,喜夸诈,乃霸政之余习。鲁则重礼教,崇信义,犹有先王之遗风焉。"

6.25 子曰:"觚不觚,觚哉!觚哉!①"

译文:

孔子说:"壶都不像壶了,还能叫壶吗?我的壶啊!"

注释:

①觚音 gū,古代盛酒的器皿,腹部作四条棱角,足部也作四条棱角。每器容当时容量二升(或曰三升)。春秋之际,礼崩乐坏,名器之作亦坏,故孔子叹之。

6.26 宰我问曰:"仁者,虽告之曰:'井有仁焉①。'其从之也?"

子曰:"何为其然也?君子可逝也②,不可陷也;可欺也③,不可罔也④。"

译文:

宰我问:"一个仁人,要是有人告诉他:'井里掉进了人了。'他应该跟着下井吗?"

孔子说:"为什么要这样呢?君子应当避开,而不是自投于陷阱。君子可以被人欺负,却不可以任人愚弄。"

注释:

①仁,通"人"。

②逝,失也,逸也,去也。

③欺,欺辱。

④罔，诬也，亦通"瞒"，骗也。《孟子·万章上》："昔者有馈生鱼于郑子产，子产使校人畜之池。校人烹之，反命曰：'始舍之，圉圉焉；少则洋洋焉；攸然而逝。'子产曰：'得其所哉！得其所哉！'校人出，曰：'孰谓子产智？予既烹而食之，曰，得其所哉，得其所哉。'故君子可欺以其方，难罔以非其道。"

6.27　子曰："君子博学于文，约之以礼①，亦可以弗畔矣夫②！"

译文：

孔子说："君子广泛学习文化，以礼来自我约束，就可以不偏离于正道了。"

注释：

①《子罕篇》云："颜渊喟然叹曰：'……夫子循循然善诱人，博我以文，约我以礼……'"（见9.11）这里的"博学于文，约之以礼"即《子罕篇》的"博我以文，约我以礼"。毛奇龄《论语稽求篇》说："博、约是两事，文、礼是两物，然而'博我以文，约我以礼'不同，何也？彼之博约，是以文礼博约回；此之博约，是以礼约文，以约约博也。博在文，约文又在礼也。"

②畔，通偏，失离。

6.28　子见南子①，子路不说。
夫子矢之曰："予所否者②，天厌之③！天厌之！"

译文：

孔子去会见南子，子路不高兴。
孔子发誓说："我要是有所非礼，让上天厌弃我！让上天厌弃我！"

注释：

①南子，卫灵公夫人，受宠于灵公，有淫名，名声不好。

②矢，誓也（《尔雅·释言》）。否，弗也，违也。违，背礼。《史记·孔子世家》中"否"作"不"，古字通。

③厌，压服，弃灭也。《集注》："弃绝也。"

6.29　子曰:"中庸之为德也①,其至矣乎! 民鲜久矣②。"

译文:

孔子说:"中庸作为道德,该是最高层次了! 人们不了解它,已经很久了。"

注释:

①中庸,中允,中正,即用中、取中、用正。孔子认为中庸是至高道德标准。《礼记·中庸》正义:"庸,用也。"(又见《说文》)"执其两端,用其中于民。"又,庸、容二字古通,中庸即中容,持中而宽容。亚里士多德说:"事物有过度、不足和中间。德性的本性就是恰得中间。"(《尼各马可伦理学》)孔子的中庸与亚里士多德的中德具有惊人的一致性。

②鲜(xiǎn),少也,缺少。

6.30　子贡曰:"如有博施于民而能济众,何如? 可谓仁乎?"

子曰:"何事于仁! 必也圣乎! 尧舜其犹病诸①! 夫仁者,己欲立而立人,己欲达而达人。能近取譬②,可谓仁之方也已③。"

译文:

子贡说:"如果能广泛地施济于人民,怎么样? 能称得上仁善吗?"

孔子说:"岂止是仁善! 必定是圣人了。尧舜还担心做不到呢! 所谓仁人,就是为了自我存在,先要使别人存在;自己想发达,先要使别人发达。能做到这一点,可以说就得到了实践仁德的方法。"

注释:

①尧舜,上古圣君。病,患也,忧也。担心。

②譬,彼也。近,接近。能近取譬:接近于"彼"。

③方,方法。"方"本义为"舫",舟筏也,渡河之具也。

述而篇第七

7.1 子曰:"述而不作,信而好古①,窃比于我老彭②。"

译文:

孔子说:"只陈述故义而不立新说,崇信而且热爱古代文化,这些方面我类同于老彭。"

注释:

①《正义》曰:"《说文》云:'述,循也。作,起也。'述是循旧,作是创始。"《中庸》云:"今天下车同轨,书同文,行同伦。虽有其位,苟无其德,不敢作礼乐焉。虽有其德,苟无其位,亦不敢作礼乐焉。""仲尼祖述尧、舜,宪章文、武。"

②窃,其也。老彭,或说老子、彭祖。包咸注:"老彭,殷贤大夫。"《大戴礼记·虞戴德》:"昔老彭及仲傀,政之教大夫,官之教士,技之教庶人,扬则抑,抑则扬,缀以德行,不任以言。"《汉书·古今人表》:仲傀(kuǐ)又作仲虺(huī)。郑玄则谓:"老,老聃;彭,彭祖。"以老聃为周之太史也。《说苑》谓老子之师商容。商容,仲容、祝融也。

老氏世代为史官,精于天道,在商有老彭,在周有老聃,晚周有老莱子,皆老氏之族也。今传《道德经》,即老氏史官世传之学也。

7.2 子曰:"默而识之①,学而不厌,诲人不倦——何有于我哉②!"

译文:

孔子说:"默默地求知,学习而不满足,启迪他人不知疲倦——这在我还没有做到呀!"

注释:

①识,记识。"多闻,择其善者而从之。多见而识之。"(7.28)

②何有于我哉,即"于我有何哉",直解:我在这方面有啥呢?

7.3 子曰:"德之不修,学之不讲,闻义不能徙①,不善不能改,是吾忧也。"

译文:

孔子说:"品德未作修养,学问未作研究,知道了正义却不能追随,有所不善而不能改正,这是令我忧虑的。"

注释:

①徙,迁移,追随。

7.4 子之燕居①,申申如也②,夭夭如也③。

译文:

孔子闲居,衣冠宽松,神态飘逸。

注释:

①燕,晏,安闲。居,家居。

②申,舒也,宽大。

③夭,摇也,飘摇,即飘逸。

7.5 子曰:"甚矣,吾衰也!久矣,吾不复梦见周公①!"

译文:

孔子说:"太过分了,我已经衰老啦!时间太长了,我不再梦想见到周公!"

注释:

①周公,姓姬,名旦,文王之子,武王之弟,成王的叔父,鲁国的始祖,佐周成王摄政,立周礼,是孔子心目中最敬服的古代圣人之一。

7.6 子曰:"志于道,据于德,依于仁,游于艺①。"

译文:

孔子说:"(我)立志于求道,坚守于正德,归依于仁善,悠游于艺术。"

注释:

①游,逍遥。艺,六艺,礼、乐、射、御、书、数者也。《礼记·学记》:"不兴其艺,不能乐学。故君子之于学也,藏焉,修焉,息焉,游焉。夫然,故安其学而亲其师,乐其友而信其道,是以虽离师辅而不反也。"

7.7 子曰:"自行束脩以上①,吾未尝无诲焉。"

译文:

孔子说:"自年十五以上,我没有不给予教诲的。"

注释:

①束脩,旧注为束糈,即干肉。《说文》:"脩,脯也。"《穀梁传》注:"束者,十脡脯也,凡物十曰束。束脩现注为"总角",束发也。《大戴礼记·保傅》云:"古者年八岁而出就外舍……束发而就大学。"卢辩注:"束发,谓成童。"古以年十六为成人,则成童是十五。《白虎通·辟雍》:"故十五成童志明,入大学,学经籍。"《集解》引黄氏《论语后案》云:"自约束脩以上,谓年十五以上能行束带脩饰之礼。郑君注如此,汉时相传之师说也。"《后汉书·伏谌传》注:"自行束脩,谓年十五以上。"《后汉书·延笃传》注:"束脩,谓束带修饰。"《后汉书·和帝纪》:"诏曰束脩良吏。"

脩,当读为须。须,发也。束须即束发。《盐铁论》桑弘羊曰:"臣结发束脩,得宿卫。"古以年十五束发就学。故孔子亦云:"我十有五而志于学。"

7.8 子曰:"不愤不启①,不悱不发②。举一隅不以三隅反,则不复也③。"

译文:

孔子说:"不抑郁就不想舒展,不苦闷就不想释放。提示一个角,却不能推知其他三个角,就不必再教他。"

注释:

①愤,懑、也,闷也,烦也。积郁曰愤懑。《集注》:"启,谓开其意。"
②悱,怫也,《玉篇》:"怫,意不舒治也。"悱与"悲"为异体同源字。"发,为达其词。"
③《集注》:"复,再告也。"

7.9 子食于有丧者之侧,未尝饱也①。

译文:

孔子在死了亲属的人旁边吃饭,从不曾吃饱。

注释:

①《集解》:"丧者哀戚,饱食于其侧,是无恻隐之心。"

7.10 子于是日哭,则不歌①。

译文:

孔子于这天哭泣过,则不会再作吟歌。

注释:

①《集注》:"一日之内余哀未忘,自不能歌也。"

7.11 子谓颜渊曰:"用之则行,舍之则藏,惟我与尔有是夫!"
子路曰:"子行三军,则谁与①?"
子曰:"暴虎冯河②,死而无悔者③,吾不与也。必也临事而惧,好谋而成者也。"

译文:

孔子对颜渊说:"有人用就行其志,没人用就晦藏。只有我和你能这样吧!"
子路说:"如您统领军队,那么同谁在一起?"
孔子说:"敢搏虎敢涉河、丢了性命也不顾的人,我不会与他共事。必须是遇事则有所畏惧,善于以谋虑求成功的人。"

注释：

①行，运行，运用。行军犹言行师。《易》谦卦上六"利用行师征邑国"，又复卦上六"用行师，终有大败"，行师有出兵之意。与，友也，偶也，相伴曰"与"。

②暴虎冯河，冯音凭。搏虎曰暴虎，涉河曰冯河。冯河，本字当作"淜河"，即"浮河"。"冯河"见于《易·泰卦》爻辞，又见于《诗经·小雅·小旻》，"暴虎"见于《诗经·郑风·大叔于田》和《诗经·小雅·小旻》，都是很早就有的俗语。

③悔，读为归，反顾，回头。

7.12 子曰："富而可求也，虽执鞭之士①，吾亦为之②。如不可求，从吾所好。"

译文：

孔子说："财富如果值得一求，即使为人执鞭我也情愿。如果不值得追求，那我就要寻求自由。"

注释：

①杨伯峻说："根据《周礼》，有两种人拿着皮鞭：一种是古代天子以及诸侯出入之时，有二至八人拿着皮鞭使行路之人让道；一种是市场的守门人，手执皮鞭来维持秩序。"《周礼·秋官》："条狼氏掌执鞭以趋辟，王出入则八人夹道，公则六人，侯伯则四人，子男则二人。"《周礼·地官·司市》："凡市入，则胥执鞭度守门。"皇侃疏引缪协云："袁氏曰：'执鞭，君之御士，亦有禄位于朝也。'"又《集注》："执鞭贱者之事，设言富若可求，则虽身为贱役以求之，亦所不辞。然有命焉，非求之可得也，则安于义理而已矣，何必徒取辱哉。"士，读如仕，事也。

②亦，巫也，今字作"皆"，愿也。

7.13 子之所慎：齐①、战、疾。

译文：

孔子慎重之事：斋戒、战争、疾病。

注释：

①齐通斋，亦通祭。孔子"齐必变食，居必迁坐"（10.7），即言其所慎也（又记卫灵公问军阵，孔子不答）。

7.14 子在齐闻《韶》，三月不知肉味①。曰："不图为乐之至于斯也。"

译文：

孔子在齐国听了《韶》乐，三个月中吃肉没有味道。他说："没想到一种音乐美妙到如此程度。"

注释：

①程颐说："圣人不凝滞于物，安有《韶》乐虽美，直至三月不知肉味者乎？'三月'字误，当是'音'字。"其说可参。

7.15 冉有曰："夫子为卫君乎①？"

子贡曰："诺，吾将问之。"

入，曰："伯夷、叔齐何人也②？"

曰："古之贤人也。"

曰："怨乎？"

曰："求仁而得仁，又何怨？"

出，曰："夫子不为也③。"

译文：

冉有问："老师会援助卫君吗？"

子贡说："好，我去问他。"

走进屋里，子贡问："伯夷、叔齐是怎样的人？"

孔子说："古代的贤人。"

子贡又问："他们冤枉吗？"

孔子说："他们追求仁善并得到了仁善，有什么冤枉呢？"

子贡出来后说："老师是不会帮助卫君的。"

注释：

①郑玄："为，助也。"卫君，指卫出公辄。卫灵公太子蒯聩以罪亡晋。灵公死，聩子辄立。晋归蒯聩，卫出公拒让位于其父。冉有所问即指此。

②伯夷、叔齐，商纣王时孤竹国公子。武王灭纣后，为示抗议，不食周粟，逃入首阳山中，饿死。

③杨伯峻说："（卫出公）辄是卫灵公之孙，太子蒯聩之子。太子蒯聩得罪了卫灵公的夫人南子，逃在晋国。灵公死，立辄为君。晋国的赵简子又把蒯聩送回，借以侵略卫国。卫国抵御晋兵，自然也拒绝了蒯聩的回国。从蒯聩和辄是父子关系的一点看来，似乎是两父子争夺卫君的位置，和伯夷、叔齐两兄弟的互相推让，终于都抛弃了君位相比，恰恰成一对照。因之下文子贡引以发问，借以试探孔子对出公辄的态度。"

7.16　子曰："饭疏食①，饮水②，曲肱而枕之③，乐亦在其中矣。不义而富且贵，于我如浮云。"

译文：

孔子说："吃粗粮，喝清水，弯起胳膊而当枕头，快乐也会在其中。不正义而得到富贵，对我来说有如天上的浮云。"

注释：

①疏食，粗粮。《论语后录》："疏食，粗粝之食也。"《说文》："疏，粗也。"古代以稻粱为细粮，以稷为粗粮。（见程瑶田《通艺录·九谷考》）

②水，古代以"汤"和"水"为对言，"汤"为热水，"水"就是冷水。

③肱（gōng），即胳膊。

7.17　子曰："加我数年，五十以学①，[易] 可以无大过矣②。"

译文：

孔子说："上天多给我几年，到五十岁再学习，那就可以不犯大过错了。"

注释：

①郑玄："加，增也。"

②《鲁论》"易"作"亦"。或以"易"字为衍文。或读"易"为《易经》。《周易乾凿度》："孔子占《易》得《旅》，息志停读，五十究作《十翼》。"邢昺疏引《汉书·儒林传》："孔子盖晚而好《易》，读之韦编三绝，而为之传。"

此则当作于初离鲁时。

7.18 子所雅言①，《诗》《书》。执礼，皆雅言也②。

译文：

孔子喜爱吟诵的有《诗经》《尚书》。主持礼仪时，诵读都用标准正音。

注释：

①雅言，旧注谓正言。似谬。宜读雅为吟，咏诵也。

②雅，正音，即标准口音。《方言》："雅，夏也。"雅言或即夏言也。中夏之言。孔安国曰："雅言，正言也。"《集释》引《论语稽求》："正言者，谓端其音声，审其句读，庄重而出之。与恒俗迥别。谓之庄语，亦谓之雅语。"

7.19 叶公问孔子于子路①，子路不对。

子曰："女奚不曰②——其为人也，发愤忘食，乐以忘忧，不知老之将至云尔③。"

译文：

叶公向子路打听孔子，子路没有回答。

孔子说："你为什么不说——这个人呀，发愤用功会忘记吃饭，心境快乐会忘记忧愁，甚至不知衰老正在逐渐降临云云。"

注释：

①叶公，楚大夫沈诸梁，字子高，封邑在叶，称叶公。叶，旧音shè，地名，当时属楚，今河南叶县南30里有古叶城。叶公是叶邑的卿大夫，楚

君称王，叶卿称公。《左传》定公与哀公年间有关于他的记载。叶公好龙即是他的故事。

②奚，何也。

③云，言。尔同而，而已，罢了。

7.20 子曰："我非生而知之者。好古，敏以求之者也①。"

译文：

孔子说："我也不是一生下来就什么都懂的人。我只是爱好考古、努力求学的人啊。"

注释：

①敏，旧训聪敏，即读此句为"我是既聪明又好学的人"。如此自诩，岂非笑话！敏，勉也，努力。勉，不懈也。

7.21 子不语怪、力、乱、神①。

译文：

孔子不谈论怪异、暴力、乱逆、鬼神。

注释：

①怪，怪误，鬼怪，诡奇。力，暴力。乱，悖乱，荒谬。神，神灵。《庄子·齐物论》："六合之外，圣人存而不论。"

7.22 子曰："三人行，必有我师焉①。择其善者而从之，其不善者而改之②。"

译文：

孔子说："三个人同行，其中必有值得我学习的。选择他们的优点而学习，他们的缺点，我则引以为戒。"

注释：

①子贡说孔子学无常师（见19.22），意思就是随处都有老师。老子说："善人，不善人之师；不善人，善人之资。"

②改，古音及，戒也，警惕。旧注多读改为改。人之有错，自己何

改?谬也。

7.23 子曰:"天生德于予,桓魋其如予何①?"

译文:

孔子说:"上天授予我了德命,桓魋能把我怎么样?"

注释:

①桓魋(tuí),指宋国司马向魋,乃宋桓公之后,故称桓魋,名黎。《史记·孔子世家》记:"(哀公三年)孔子去曹,适宋,与弟子习礼大树下。宋司马桓魋欲杀孔子,拔其树。孔子去,弟子曰:'可以速矣!'孔子曰:'天生德于予,桓魋其如予何?'"

7.24 子曰:"二三子以我为隐乎①?吾无隐乎尔。吾无行而不与二三子者,是丘也②。"

译文:

孔子说:"弟子们,你们以为我有什么隐瞒?我没有什么可瞒你们的。我没有哪件事不会与你们一起做,这就是我孔丘。"

注释:

①包咸曰:"二三子,谓诸弟子。"
②时孔子在卫,处于厄困中,学生们心志有所动摇,故孔子言此以明心迹。

7.25 子以四教:文、行、忠、信①。

译文:

孔子从四个方面教导学生:学术、德行、忠诚、信义。

注释:

①刘敞《公是弟子记》:"文,所谓文学也。行,所谓德行也。政事主忠,言语主信。"

7.26 子曰:"圣人,吾不得而见之矣。得见君子者,斯可矣。"

子曰："善人，吾不得而见之矣。得见有恒者①，斯可矣。亡而为有，虚而为盈，约而为泰②，难乎有恒矣。"

译文：

孔子说："圣人，我是不能见到了。能见到君子，也就可以了。"

孔子又说："善人，我是不能见到了。能见到走得远的人，也就可以了。没有而装作有，空虚而装作充实，穷困而装作富有，那都是难以持久的。"

注释：

①恒，长也，远也。

②泰，大也，亦有富意，如《国语·晋语》："恃其富宠，以泰于国。"《荀子·议兵》："用财欲泰"。

7.27 子钓而不纲①，弋不射宿②。

译文：

孔子钓鱼只用竿不用网，射鸟不射巢中的归鸟。

注释：

①纲，通网。《经义述闻》谓："'纲'乃'网'之讹，谓不用网罟也。"《论语正义》则指出："王氏引之谓'纲'为'网'讹，此不解纲制。"其说是。皇侃疏："纲者作大纲横遮于广水而罗列多钩，著之以取鱼也。"网上的总绳叫纲，小绳挂钩附于上，结而取鱼也。

②弋音 yì，弓绳曰弋。宿，宿鸟，归宿之鸟。

7.28 子曰："盖有不知而作之者，我无是也。多闻，择其善者而从之。多见而识之，知之①，次也②。"

译文：

孔子说："总有一种无所知却要创立新说的人，但我没有这本事。多听，选择其中好的来学习。多看而且多记，再作理解，则是其次。"

注释：

①识，志也，记识。知，解也，知晓、理解。

②杨伯峻引《季氏篇》云:"孔子曰:'生而知之者,上也;学而知之者,次也。'"谓"学而知之者,次也"即是篇"知之,次也",其说似是而非。"多闻,择其善者而从之",一也。"多见而识之,知之",次也。孔子在讲自己的治学方法。

7.29 互乡难与言①,童子见,门人惑。

子曰:"与其进也,不与其退也,唯何甚②?人洁己以进,与其洁也,不保其往也。"③

译文:

互乡那里的人难以讲道理,但那里的一个少年却得到孔子接见,弟子们感到困惑。

孔子说:"人家已清洗自己而后来,我欣赏他的清洁,不能计较他的过去。是帮助人家进步,不是帮助人家退步。这又有什么过分呢?"

注释:

①郑玄:"互乡,乡名也。其乡人言语自专,不达时宜。而有童子来见孔子,门人怪孔子见之。"互乡,《困学纪闻》以为在河南鹿邑。《太平寰宇记》引《徐州记》以为在徐州合乡。"合乡即古互乡,孔子所言难与言者。"

《集解》引《论语后录》:"互之言午,午者,牾也。"《论语竢质》:"互乡之人性多牾,难与之言,故乡得互名。"

②唯何甚,即"为何甚""有何过分"。甚,过分。唯,为,有。甚,过分。唯何甚,有何过分。

③朱熹《集注》:"疑此章有错简。'人洁'至'往也'十四字,当在'与其进也'之前。洁,修治也。与,许也。往,前日也。"今从此说。

7.30 子曰:"仁远乎哉?我欲仁,斯仁至矣①!"

译文:

孔子说:"仁善难道很远吗?我想要仁善,这仁善就会到来。"

注释:

①斯,此也,这。王符《潜夫论·德化》引此作"仁斯至矣"。

7.31 陈司败问①:"昭公知礼乎②?"

孔子曰:"知礼。"

孔子退,揖巫马期而进之③,曰:"吾闻君子不党,君子亦党乎?君取于吴④,为同姓⑤,谓之吴孟子⑥。君而知礼,孰不知礼?"

巫马期以告。

子曰:"丘也幸!苟有过,人必知之。"

译文

陈司败问:"鲁昭公懂不懂礼?"

孔子说:"懂礼。"

孔子退出后,陈司败向巫马期作揖请他前来,说:"我听说君子不结私党,难道君子也会护短吗?鲁君从吴国娶妻,由于女人是同姓,就改称她为吴孟子。如果鲁君懂礼,谁还不懂礼?"

巫马期把这告诉孔子。

孔子说:"我孔丘幸运呵!只要有过错,就会被人揭露。"

注释

①陈司败,陈之大夫。《左传》:"楚子西曰:'臣归死于司败。'"宣公四年传:"楚箴尹克黄自拘于司败。"杜预注云:"陈、楚名司寇为司败也。"《集注》:"司败,官名,即司寇也。"郑玄则说为齐人,姓陈名司败。程树德引《九经古义》:"古陈、田字通,故以为齐大夫。"程树德说:"余考孔子于定公十四年自郑至陈,居三岁,复于哀二年自卫如陈,皆在陈侯稠时,屡主司城贞子家。司败之问,盖孔子在陈时也。司败之官唯陈、楚有之,其为陈人无疑。"

②昭公,鲁昭公,名稠,襄公庶子,继襄公而为君,"昭"是谥号。昭公娶于同姓族女,违同姓不婚之礼制,故陈司败问之。

③巫马期,孔子学生,姓巫马,名施,字子期(旗),小孔子30岁。巫马,以官名为姓。《周官》有巫马,掌养疾马而乘治之是也(即医马之官)。属夏官,先世居是官,因以为氏也。

④君取于吴:取,娶也。吴,国名,拥有今天淮水、泗水以南以及浙江的嘉兴、湖州等地,哀公时为越王勾践所灭。

⑤鲁为周公之后,姬姓;吴为太伯之后,也是姬姓。

⑥春秋时代，国君夫人的称号一般是所生长之国名加她的本姓。鲁娶于吴，吴为太伯之后，姬姓，这位夫人便应该称为吴姬。但鲁为周公之后，也姓姬，显然鲁君所娶有悖于"同姓不婚"的周朝礼法，因改称为"吴孟子"。

《礼记·坊记》："取妻不取同姓，以厚别也。故买妾不知其姓则卜之，以此坊（防）民。"古以孟（大）、仲（中）、季（小）为量词。孟，长也。子，通"姊"，即今语"姐"。《左传》哀公十二年书曰："昭夫人孟子卒。"

7.32 子与人歌而善，必使反之，而后和之①。

译文：

孔子与人唱歌，如果别人唱得好，就一定请他再唱一遍，然后和他一起唱。

注释：

①反，复也。重复。《史记·孔子世家》："使人歌，善，则使复之，然后和之。"

7.33 子曰："文，莫吾犹人也①。躬行君子，则吾未之有得②。"

译文：

孔子说："就文化来说，我与别人差不多。至于做身体力行的君子，则我没有遇到过对手。"

注释：

①《论语详解》："'文'字断句。"朱熹读莫为无，不确。莫，古音"夫"（古无轻唇音，莫、夫音通。参钱大昕《潜研堂集》）。犹，如也。
②得，当也，对手。旧注此多谬。

7.34 子曰："若圣与仁①，则吾岂敢！抑为之不厌②，诲人不倦，则可谓云尔已矣③。"

公西华曰："正唯弟子不能学也。"

译文：

孔子说："若说圣明与仁善，那我怎么敢当！要说不懈努力，同时不断地以之教诲别人，那是可以这么讲的。"

公西华说："这正是我们做弟子的所学不到的啊！"

注释：

①《群经平议》："圣与仁，犹言智与仁也。"

②抑，如果。又抑通"言"，说也。

③云，言也。尔已，而已。《孟子·公孙丑上》载子贡语："学不厌，智也；教不倦，仁也。仁且智，夫子既圣矣。"

7.35 子疾病①，子路请祷②。

子曰："有诸？"

子路对曰："有之。诔曰③：'祷尔于上下神祇④。'"

子曰："丘之祷久矣。"

译文：

孔子病重，子路请求做祈祷。

孔子说："需要这么做吗？"

子路回答说："必要。祷词是：'为你向天地之神祈祷。'"

孔子说："那么我的祈祷已经很久了啊。"

注释：

①疾病：外伤曰疾（灾、咎）、疡（殃），内伤曰病。连言，是重病。

②《集注》："祷，谓祷于鬼神。"事神求福消灾。祷、祝二字通。《墨子·天志》："以祷祠（词）祈福于天。"

③诔音耒，即谖，祈祷词。《说文》："谖，祷词也。"

④祇（qí），地神。天神曰神，地神曰祇。《太平御览》引《庄子》："孔子病，子贡出卜。孔子曰：'子待也。吾坐席不敢先，居处若斋，饮食若祭，吾卜之久矣。'"

7.36 子曰："奢则不孙①，俭则固②。与其不孙也，宁固。"

译文：

孔子说："奢侈就难以为继，只有俭约才能长久。与其短暂，宁可持久。"

注释：

①皇侃本孙作"逊"。逊，续也。

②固，古文与久通，即长久也。此义千古失解。

7.37 子曰："君子坦荡荡①，小人长戚戚②。"

译文：

孔子说："君子心胸平坦宽敞，小人永远惴惴不安。"

注释：

①荡荡，即今语"堂堂"，宽阔壮大也。郑玄注："坦荡荡，宽广貌。"

②郑玄注："长戚戚，多忧惧貌。"戚，哀也，惧也。《论语后案》："戚戚即《诗》之'慼慼'，为缩小之貌。"

7.38 子温而厉①，威而不猛，恭而安。

译文：

孔子之貌温和而严肃，威严而不凶猛，恭敬而安详。

注释：

①《集注》："厉，严肃也。"

泰伯篇第八

8.1 子曰:"泰伯①,其可谓至德也已矣。三以天下让,民无得而称焉②。"

译文:

孔子说:"泰伯,可以说是德行高到极点了。他三次以国君之位让人,以至于老百姓不知该怎样来称道他。"

注释:

①泰伯,即吴太伯,周先祖古公亶父长子。古公有三子,欲立幼子季历,长子泰伯与弟仲雍遂出走至江南,立吴国及楚国(仲雍,即仲容、祝融)。季历立为周君,其子姬昌即文王。

②《后汉书·丁鸿传》引此作:"民无德而称之焉。"德与得古字通。《吴越春秋》:"古公病将卒,令季历三让国于太伯,而三让不受,故云:'太伯三以天下让。'"又云:"古公卒,泰伯、仲雍归。赴丧毕,还荆蛮,民君而事之,自号为句吴。"《论衡·四讳》:"昔太伯见王季有圣子文王,知大王意欲立之,入吴采药,断发文身,以随吴俗。大王薨,太伯还,王季避主,太伯再让,王季不听。三让,曰:'吾之吴越,吴越之俗断发文身。吾刑余之人,不可为宗庙社稷之主。'王季知不可,权而受之。"

《读四书丛说》:"《吴越春秋》云:'古公居三月,成城郭。一年,成邑。二年,成都。而民五倍其初,仿佛帝舜气象。'……古公迁岐在殷王小乙之末年,不久而高宗立,傅说为相,中兴,在位五十九年。次祖庚立,七祀。次祖甲,二十八祀,文王生。书称祖甲之享国三十有三年,自迁岐至文王之年已九十七年，古公寿百二十岁，后不知的于何年卒，计在文王生一二年之后。则古公始终正居商令王有道之世，翦商之志，何自而生邪？文王生有圣瑞，故古公曰：'我后世当有兴者，其在昌乎？'泰伯知欲立季历以传昌，乃亡。史之可见者如此。"

8.2 子曰："恭而无礼则劳①。慎而无礼则葸②。勇而无礼则乱③。直而无礼则绞④。君子笃于亲⑤，则民兴于仁⑥。故旧不遗，则民不偷⑦。"

译文：

孔子说："恭敬而不符合礼制则徒劳。谨慎而不符合礼制则怯懦。勇敢而不符合礼制则莽撞。直率而不符合礼制则骄慢。君子重视亲情，则百姓归向于仁善。不遗弃故旧，则百姓不会逃散。"

注释：

①劳，劳累。
②葸（xǐ），畏葸。《集解》："葸，畏惧之貌。"
③乱，唐突亦曰乱。
④绞，通骄。
⑤笃，敦也，重也。
⑥《尔雅·释言》："兴，起也。"
⑦偷，逃也。此则亦千古失解。

8.3 曾子有疾，召门弟子曰："启予足！启予手①！《诗》云：'战战兢兢②，如临深渊，如履薄冰。'而今而后，吾知免夫③！小子！"

译文：

曾子患病，召集门下弟子说："抬起我的脚！打开我的手！《诗经》上说：'胆战心惊，就像面临着深渊，就像脚踩着薄冰。'从今以后，我知道恐惧了！弟子们！"

注释：

①启予足，《说文》引作"跨予之足"。《论衡·四讳》作"开予足，

开予手"。《文选·叹逝赋》引作"起予足,起予手"。

当读作"起予足,启予手"。起,抬起。启,开启。《集释》引异说谓启下口当从日,读为视,虽亦可通,迂曲也。(其说见王念孙《论语疏证》)

②《集注》:"战战,恐惧。兢兢,戒谨。"

③免,畏也,古音通。

8.4 曾子有疾,孟敬子问之①。

曾子言曰②:"'鸟之将死,其鸣也哀。人之将死,其言也善。'君子所贵乎道者三:动容貌③,斯远暴慢矣④。正颜色⑤,斯近信矣。出辞气,斯远鄙倍矣⑥。笾豆之事⑦,则有司存⑧。"

译文

曾子患病,孟敬子来问候。

曾子说:"'鸟将死时,叫声是悲哀的。人将死时,语言是诚善的。'君子对于道义注重三个方面:行动注意容貌,则可避免粗暴傲慢了。举止端正神色,则可显示诚信了。出言注意语气,则可避免粗鄙无理了。凡礼祭中的事,都要有人专责去管。"

注释

①孟敬子,《宋石经》作"孟钦子",鲁国大夫仲孙捷。为三桓之孟氏,孟武伯之子,鲁悼公时人。

②《毛传》:"直言曰言,论难曰语。"孔颖达说:"直言曰言,谓一人自言。答难曰语,谓二人相对。"

③《正义》:"古有容礼。"

④斯,则,那就。矣,叹词。

⑤《说文》以"颜谓眉目之间,色谓凡见于面也"。

⑥鄙,陋也。倍,悖也。

⑦笾豆之事:笾(biān),竹豆,古代的一种竹器,高脚,上面圆口,祭祀时用以盛果实等食品。豆,木豆,也是礼器,有盖,用以盛有汁的食物。"笾豆之事"代表礼祭。

⑧有司存:有人主管。有司,主管也。《广雅·释言》:"有司,臣也。"

《说文》:"司,臣司事于外者也。"存,在也。

8.5 曾子曰:"以能问于不能,以多问于寡。有若无,实若虚。犯而不校①。昔者吾友尝从事于斯矣。"

译文:

曾子说:"有才能却请教没有才能者,知道得多却请教知道得少者。有知识却像没有知识,富足却像空虚。别人侵犯也不计较。过去我的朋友们一直是这样做的。"

注释:

①包咸曰:"校,报也。言见侵犯而不报也。"

②吾友,马融认为是指颜回。马说迂也。吾友盖指孔门诸同学,非确指也。此则乃曾子对其弟子所讲也。

8.6 曾子曰:"可以托六尺之孤①,可以寄百里之命②,临大节而不可夺也③——君子人与?君子人也。"

译文:

曾子说:"可以把六尺孤儿托付给他,可以把一座城中的人的性命托付给他,面临生死关头而不改变操守——这种人是君子吗?就是君子啊!"

注释:

①六尺,古代尺短,一尺约今日之七寸。六尺约今之四尺,指少儿。孔颖达疏:"六尺之孤,幼少之君也。"托,寄托。

②百里,指城郭周围百里。

③何晏曰:"大节者,安国家定社稷也。"

8.7 曾子曰:"士不可以不弘毅①,任重而道远。仁以为己任②,不亦重乎?死而后已③,不亦远乎?"

译文:

曾子说:"作为士不可以不刚毅,因为担子很重而路途遥远。以实现仁善作为自己的责任,这担子不重吗?奋斗到死方休,这路途不遥远吗?"

注释：

①弘毅，就是"刚毅"。章太炎《广论语骈枝》说："《说文》：'弘，弓声也。'后人借'强'为之，用为'彊'义。此'弘'字即今之'强'字也。《说文》：'毅，有决也。'任重须彊，不彊则力绌；致远须决，不决则志渝。"

②任，担负。

③已，止也。

8.8　子曰："兴于《诗》①，立于礼②，成于乐③。"

译文：

孔子说："以学《诗经》为开始，以修礼仪来自立，通过音乐而育成。"

注释：

①包咸曰："兴，起也。言修身先学《诗》也。"于，以也。以，用也。

②《集注》："礼以恭敬谦逊为本，而有节文度数之详，可以固人肌肤之会，筋骸之束。故学者之中，所以能卓然自立，而不为事物之所摇夺者，必于此得之。"

③《集注》："更唱迭和，以为歌舞。八音之节，可以养人性情。"

8.9　子曰："民，可使由之，不可使知之①。"

译文：

孔子说："对于百姓，可以让他们自由，但不要让他们明智。"

注释：

①《春秋繁露·深察名号》："民者，瞑也。"《老子》："常使民无知无欲。""民其难治，以其智多。""民可以乐成，不可与虑始。"（《史记·滑稽列传》补所载西门豹之言，《史记·商君列传》作"民不可与虑始而可与乐成"。）颜元曰："此治民之定法也。"

8.10　子曰："好勇疾贫，乱也。人而不仁，疾之已甚①，乱也。"

译文:

孔子说:"逞勇又恨自己贫困的人,就会作乱。为人若不行仁善,又非常憎厌贫穷,一定会作乱。"

注释:

①疾,嫉也,恨。

此当为孔子与颜涿聚、子路的谈话。颜涿聚,孔子弟子,子路妻兄,著名侠盗。

8.11 子曰:"如有周公之才之美①,使骄且吝②,其余不足观也已。"

译文:

孔子说:"即使才智像周公那样美好,如果既骄傲又吝啬,则其余方面也就不值一提了。"

注释:

①周公,周公旦。封于鲁,为鲁国开国之君。才美,美才,《集注》:"谓智能技艺之美。"

②骄,骄傲。吝,吝啬。

8.12 子曰:"三年学,不至于谷①,不易得也。"

译文:

孔子说:"求学三年,仍不会厌烦,很难得呀。"

注释:

①谷,厌也。旧注训"谷"为"善",谬!杨伯峻训之为"官禄",亦甚谬。

8.13 子曰:"笃信好学①,守死善道。危邦不入,乱邦不居②。天下有道则见③,无道则隐。邦有道,贫且贱焉,耻也。邦无道,富且贵焉,耻也。"

译文：

孔子说："坚守信念而勤于学习，坚守于仁善之道。危机四伏的国家不要进入，动乱之国不要去居住。天下有道则出来做事，天下无道就隐退。国家有道，而自守于贫贱，是可耻的。国家无道，而让自己富贵，也是可耻的。"

注释：

①笃信，《子张篇》："执德不弘，信道不笃，焉能为有？焉能为亡？"(19.2)

②危邦、乱邦，包咸云："臣弑君、子弑父，乱也；危者，将乱之兆也。"

③见，同"现"。

8.14 子曰："不在其位，不谋其政。"

译文：

孔子说："不在那个职位上，就不为那个职官谋划。"

8.15 子曰："师挚之始①，《关雎》之乱②，洋洋乎盈耳哉③！"

译文：

孔子说："演奏《诗经》一开始，听到《关雎》之曲，乐声飞扬而充盈在耳际啊！"

注释：

①旧读：师挚，太师挚。太师，乐师也。不确。师当读为诗，挚，执之。始，指奏乐之始。

②《关雎》，《诗经》首篇。乐章开始叫作"升歌"，由"始"到"乱"，叫作"一成"。"乱"是"合乐"，犹如今日的合唱。当合奏之时，奏《关雎》的乐章，所以说"《关雎》之乱"。

③洋洋，扬扬，乐声飞扬也。

8.16 子曰："狂而不直，侗而不愿①，悾悾而不信②，吾不知之矣。"

译文：

孔子说："狂妄而不正直，幼稚而不圆通，空虚而不信实，我真不理解这种人呵！"

注释：

①侗，通恫。《庄子·山木》释文："侗，无知貌。"焦循以为即僮之假借。侗，童也。愿，圆也，圆通。

②悾悾，虚也。即空空。《吕氏春秋·下贤》："空空乎其不为巧故也。"

8.17 子曰："学如不及①，犹恐失之。"

译文：

孔子说："学习就要像追赶不上什么似的，只怕它走失掉。"

注释：

①及，追也。

8.18 子曰："巍巍乎，舜禹之有天下也而不与焉①！"

译文：

孔子说："崇高啊！舜和禹拥有了天下却毫不留恋啊！"

注释：

①巍，高貌。舜，帝舜。禹，夏朝开国之君。与，有也，占有。

8.19 子曰："大哉，尧之为君也！巍巍乎！唯天为大，唯尧则之。荡荡乎，民无能名焉。巍巍乎，其有成功也！焕乎，其有文章！"

译文：

孔子说："伟大啊！尧作为君主，多么崇高啊！只有天体才能这样博大，只有尧才能效法于天。浩浩荡荡，人民无法用语言来称颂！伟大啊，他所创立的功业！光华灿烂啊，他的典章文治！"

8.20 舜有臣五人而天下治。武王曰:"予有乱臣十人①。"

孔子曰:"才难,不其然乎?唐虞之际,于斯为盛②。有妇人焉,九人而已③。三分天下有其二④,以服事殷。周之德,其可谓至德也已矣。"

译文:

舜有五位贤臣而使天下治平。武王也说:"我有十位良臣。"

孔子说:"人才难得,不是这样吗?在唐尧、虞舜的时代,那时人才最多。(到周代)其中有一人是妇女,实际上只有九个人罢了。拥有三分之二天下,还服事于殷朝,周文王的德行,也可以说是至高的德行了。"

注释:

①乱可读为乿。乱臣,良臣,贤臣也。《说文》:"乿,治也。"《尔雅·释诂》同。乱音通理,故有治义。《左传》昭公二十四年引《太誓》:"余有乱臣十人,同心同德。"则"乱臣"就是"治国之臣"。周谷城《古史零证》认为"乱"有"亲近"义,则"乱臣"相当于《孟子·梁惠王下》"王无亲臣矣"的"亲臣"。或说乱古字从系,即"孙",训治。

②唐虞之际:唐,陶唐氏;虞,有虞氏。尧是陶唐之君。舜是有虞之君。

③马融说:"十人,谓周公旦、召公奭、太公望、毕公、荣公、太颠、闳夭、散宜生、南宫适,其一人谓文母。"《诗经·周颂·雍》:"既右烈考,亦右文母。"《毛传》:"文母,太姒也。"又谓文母"邑姜也"。

④三分天下有其二,《逸周书·程典》:"文王合六州之侯,奉勤于商。"相传当时分天下九州,文王已得六州,是拥有三分之二。

8.21 子曰:"禹,吾无间然矣。菲饮食而致孝乎鬼神,恶衣服而致美乎黻冕①,卑宫室而尽力沟洫②。禹,吾无间然矣。"

译文:

孔子说:"对禹,我没有闲话可说。他饮食菲薄而敬孝于鬼神;他衣着粗劣而祭服却十分精美;他居室简陋而尽全力整治水利。对于禹,我是无话可说的!"

注释：

①黻（fú），祭祀时穿的礼服；冕，古代贵族的冠帽，这里指祭祀时的礼帽。《礼记·王制》："周人冕而祭。"郑玄注："皇，冕属也。"

②沟洫，沟渠。包咸曰："方里为井，井间有沟……十里为成，成间有洫。"

子罕篇第九

9.1 子罕言利与命，与仁①。

译文：

孔子很少谈论功利与命，常讲仁。

注释：

①我读此句为："子罕言利与命，语仁。"与，语也。旧则断句作："子罕言利与命与仁。"《论语》中讲"利"6次，讲"命"8次，讲"仁"则无数次，非罕言仁也。金人王若虚《误谬杂辨》、清人史绳祖《学斋占毕》都以为这句应如此读："子罕言利，与命，与仁。"训"与"为"许"也。意思是"孔子很少谈到利，却赞成命，赞成仁"。黄式三《论语后案》则认为"罕"读为"轩"，显也。意思是"孔子很明显地谈到利、命和仁"。说皆甚谬！

罕，希也。郑玄注："利者，义之和也。命者，天之命也。仁者，行之盛也。""利者，义之和"，当读作"利者，刈之禾"也。割禾曰利，引申则大获曰利。

9.2 达巷党人曰："大哉孔子①！博学而无所成名②。"

子闻之，谓门弟子曰："吾何执？执御乎？执射乎？吾执御矣③。"

译文：

贵族区的乡人说："伟大的孔子啊！学问渊博而竟难以专其一名！"

孔子听说后，对门下弟子说："我该专擅于什么呢？专擅于驾车吗？专擅于射箭吗？我还是专擅于驾驭马车吧！"

注释：

①郑玄："达巷，党名也。五百家为党。"达巷，通达之乡，贵族区也。《礼记·曾子问》有"昔者吾从老聃助葬于巷党"。巷党即乡党，即达巷。党，乡之社堂也。疏谓巷党在王畿。此言乃达巷贵族讽刺孔子也。

②名，命也。教命。

③《集注》："执，专执也。"专擅也，专长也。孔子以自嘲而回击讽刺。

9.3 子曰："麻冕①，礼也；今也纯②，俭，吾从众③。拜下④，礼也；今拜乎上，泰也，虽违众，吾从下⑤。"

译文：

孔子说："用麻制作冠帽，这是古礼的规定；现在改用丝做，简单了，我也就跟随世俗的做法。在堂下先行跪拜，这是古礼的规定；现在却直接登堂拜，较安适，虽然与众不同，但我还是要先从堂下跪拜（再升堂拜君）。"

注释：

①麻冕，礼帽，麻制。或说谓缁（zī）布冠（古人到了20岁便举行加冠的仪式，叫"冠礼"。第一次加的便是缁布冠），制作颇费工时。

②纯，黑色的丝。孔安国注："纯，丝也。"《礼记·玉藻》："大夫佩水苍玉而纯组绶。"郑玄注曰："纯当为缁。"《仪礼·士昏礼》："女次，纯衣。"郑玄注云："纯衣，丝衣。""纯实缁字也。古缁以才为声。"疏曰："缁以丝为形，才为声，故误为纯字……礼有缁布冠、缁布衣。"何晏曰："麻冕，缁布冠也。古者绩麻三十升布以为之。纯，丝也。丝易成，故从俭"。

③俭，吾从众：绩麻做礼帽，依照规定，要用2400缕经线。麻质较粗，必须织得非常细密，这很费工。若用丝，丝质细，容易织成，因而俭省。俭，减也。

④拜下，指臣子见君主的行礼。先在堂下磕头，然后再升堂磕头。《左传》僖公九年和《国语·齐语》曾记述齐桓公不听从周襄王的辞让，于庭中拜下行礼的故事。

⑤泰，安也，安适。违，与从为反意。不合，不从。《四书释地》："拜而受之，如今之一揖折腰而已。再拜而送之，则两揖。至拜下之拜，乃再拜稽首也。古者臣与君行礼，再拜稽首于堂下，君辞之，然后升堂，复再拜稽首，故曰升成拜。见《燕礼》《大射仪》《聘礼》《公食大夫礼》《观礼》及《礼记·燕义》。僖九年，王使宰孔赐齐侯胙。齐侯将下拜。孔曰：'且有后命。'天子使孔曰：'以伯舅耋老，加劳，赐一级，无下拜。'对曰：'天威不违颜咫尺，敢不下拜。'下拜登受。下拜，再拜稽首于堂下也。登，升成拜也，受，受胙也。即其事也。因思此距襄二十二年孔子生仅一百有一年，而以桓公之强，重以天子之宠命，犹且不敢越焉。"

9.4 子绝四：毋意①，毋必②，毋固③，毋我④。

译文：

孔子（在学术上）杜绝四种弊病：不作臆想，不作定论，不固执，不主观。

注释：

①意：臆想。《集注》："绝，无之尽者。""意，私意也。"

《朱子文集·答吴晦叔》曰："'毋'即'无'字，古书通用耳。《史记·孔子世家》正作'无'字也。"

《经义述闻》："意，测度也。"毋意，即毋测未至也。《说文》段玉裁注："意之训为测度……如《论语》'毋意，毋必''不亿不意''亿则屡中'，其字俗作'亿'。"今作"臆"。

《吕氏春秋·任数》："孔子曰：'所信者，目也，而目犹不可信。所恃者，心也，而心犹不足恃。'"此"毋亿"之义也。

②必：想当然。

③固：固执。

④我：以自我主观之见强加于人。《春秋繁露》："孔子为鲁司寇，断狱，屯屯与众共之，不敢自专。"此"毋我"之义也。意，私意也。必，期必也。固，执滞也。我，私己也。四者相为终始。

9.5 子畏于匡①，曰："文王既没，文不在兹乎②？天之将丧斯文也，后死者不得与于斯文也③。天之未丧斯文也，匡人其如予何④？"

译文：

孔子在匡邑遭到危险，说："在周文王死后，（周的）文明是不是只能靠我传承下去？如果上天要断绝这种文明，以后的人就不会拥有它了。如果上天不想断绝这种文明，匡人又能把我怎么样？"

注释：

①畏，危也。《史记·孔子世家》说，孔子离卫去陈，经过匡。匡人误认他为阳虎，将其囚禁。《荀子·赋篇》云："比干见刳，孔子拘匡。"《史记·孔子世家》作"拘焉五日"。今河南省长垣县西南15里有匡城，就是当时孔子被囚之地。《左传》定公六年："公侵郑取匡……及还，阳虎使季孟自南门入，出自东门。"谓："是时虎帅师，令皆由虎出，故得暴匡。其后夫子过匡，时颜克为仆，以策指之曰：'昔吾入此，由彼缺也。'故匡人围之。"畏匡在定公十三年，距虎暴匡才六年耳。

《庄子·秋水》："孔子游于匡，宋人围之。"《释文》引司马彪曰："宋"当作"卫"。匡在文公元年已为卫所取，至定公六年乃为鲁所取。颜克，《史记·孔子世家》作"颜刻"，《仲尼弟子列传》无"克""刻"名，但有颜高字子骄。惠栋《九经古义》疑高即克。

②文，文明。

③斯，此也。后死者，指将来的人。《白虎通》引孔子言："文武之道，未坠于地。天之将丧斯文也，乐亦在其中矣。"孔安国曰："兹，此也。言文王虽已没，其文见在此。此，自谓其身也。"《集注考证》引何北山曰："所谓文者，正指典章文物之显然可见者。"

④予，我也。与（yù），有也。

9.6 太宰问于子贡曰①："夫子圣者与？何其多能也？"

子贡曰："固天纵之将圣，又多能也②。"

子闻之，曰："太宰知我乎？吾少也贱，故多能鄙事③。君子多乎哉？不多也④。"

译文：

太宰问子贡道："孔夫子难道真的是圣人吗？为什么他有那么多技

能呢?"

子贡说:"本来上天就是要使他成为圣人,所以才赋予他这样多技能呀。"

孔子听后,说:"这位太宰是不了解我呀!我年轻时贫贱,所以会做许多为人们所鄙弃的事。贵族君子们会有这样多的技艺吗?不会的。"

注释:

①太宰,卫之官名,即孔围。

②又,有也。

③贱,卑微贫贱。鄙,鄙弃。

④此语可有一解:一解为孔子自谓。意为:君子会认为自己技能太多吗?不会认为多的。二解指贵族出身,与吾少贱(即野人)相对言。《说苑·善说》:"子贡见太宰嚭。太宰嚭问曰:'孔子何如?'对曰:'臣不足以知之。'太宰嚭曰:'子不知,何以事之?'对曰:'惟不知,故事之。夫子其犹大山林也,百姓足其材焉。'太宰嚭曰:'子增夫子乎?'对曰:'夫子不可增也。夫赐,其犹一累壤,以增大山。不益其高,且为不知(智)。'"《论语稽求篇》:"太宰是吴太宰。"包咸注曰:"我少小贫贱,常自执事,故多能为鄙人之事。君子固不当多能也。"此则孔子自言身世,"少也贱",殊可注意。

9.7 牢曰①:"子云:'吾不试,故艺②。'"

译文:

子牢说:"孔子曾说:'我因为不是士,所以学会了技艺。'"

注释:

①子牢,郑玄说是孔子学生。王肃撰《孔子家语》说"琴张,一名牢,字子开,亦字子张,卫人也"。

②试,士也,仕也。此言乃承上则所言"君子不多能"而言,故曰"吾不仕,故有艺"。而旧说皆谬。如杨伯峻引《论衡·正说》云:"尧曰:'我其试哉!'说《尚书》曰:'试者用也。'"训"试"为"用",甚误。

9.8 子曰:"吾有知乎哉?无知也。有鄙夫问于我,空空如也。我叩其两端而竭焉①。"

译文:

孔子说:"我有知识吗?并没有知识。有农夫来问我,我一无所知。但我从事情的正反两面去探询就知悉了。"

注释:

①孔子这种叩两端而反问的方法,接近于苏格拉底以问话求答案的方法。程树德以禅理解此,曰:"净名云:'言语文字,皆解脱相,所以者何?解脱者,不内不外,不在两间。文字亦不内不外,不在两间。是故无离文字说解脱相。'……昔有学者问于师曰:'不作意时,还得寂然否?'答曰:'若见寂然,即为作意。'噫!此空空之妙诠也。祝世禄《环碧斋小言》:'禅那才下一语,便恐下语为尘,连忙又下一语扫之,又恐扫尘一语复为尘,连忙又下一语扫扫尘语。宗门尤为陡绝,弩之机,剑之锋,无容拟议。《六经》原自无尘,而自为扫尘语亦不少。既已曰识曰知,又曰不识不知;既已曰再思曰九思,曰千虑曰百虑,又曰何思何虑,至"吾有知乎哉?无知也"应口即扫,何其迅速。'"

9.9 子曰:"凤鸟不至,河不出图(鼍)①,吾已矣夫!"

译文:

孔子说:"凤凰不飞来,鼍龙不出现,我已不行了!"

注释:

①凤鸟,传说中的神鸟,即大鸵鸟。上古以为祥瑞。图,旧谓河图,讹也。河图当读为河鼍(tuó),即鼍龙也,与凤对言。此句疑原简文当作"河图不出",凤鸟对应河图(鼍)。鸵鸟、河鼍中原上古皆实有之,因气候变迁,孔子时代乃稀见,故云。

9.10 子见齐衰者①、冕衣裳者与瞽者②,见之,虽少,必作③;过之,必趋④。

译文:

孔子遇到穿重孝的人,戴礼帽、穿礼服的人和盲人,相见时,即使他们年少,孔子也必定站起身;若经过他们跟前,必加快脚步。

注释：

①齐音 zī，衰音 cuī，齐衰，古代丧服，用熟麻布做的，其下边缝齐（斩衰则用粗而生的麻布，左右及下边都不缝）。齐衰又有齐衰三年、齐衰期（一年）、齐衰五月、齐衰三月几等。斩衰是最重的孝服，儿子对父亲、臣下对君上，斩衰三年。

②冕衣裳者，即衣冠整齐的贵族。冕是高等贵族所戴的礼帽，后来只有皇帝所戴才称冕。衣是上衣，裳是下衣，相当现代的裙。古代男子上穿衣，下着裙。瞽者，盲人。

③作，起。

④趋，疾步行，一种敬意的表示。

9.11　颜渊喟然叹曰："仰之弥高，钻之弥坚。瞻之在前，忽焉在后。夫子循循然善诱人，博我以文，约我以礼，欲罢不能。既竭吾才，如有所立卓尔。虽欲从之，末由也已。"

译文：

颜渊感叹说："越仰望它越觉得高，越钻研它越觉得深。看看就已走到他前面，忽然又落在他身后。老师循循善诱，教给我广博的文化，用礼仪规范我们，想停下来也不可能。我竭尽了才智，他仍然高耸在我前面。我努力想跟从，却总追不上。"

9.12　子疾病，子路使门人为臣①。

病间②，曰："久矣哉，由之行诈也！无臣而为有臣。吾谁欺？欺天乎？且予与其死于臣之手也，无宁死于二三子之手乎③！且予纵不得大葬，予死于道路乎④？"

译文：

孔子病，子路叫学生冒充其家臣。

后来，孔子的病好了些，说："太久了，仲由这么骗人。我没有家臣他却冒充我有家臣，让我骗谁呢？骗天吗？而且，我与其死于家臣之手，还不如死于你们这些弟子之手！我即使不能得到大葬，难道就会死在路上吗?"

注释:

①《集注》:"臣,家臣。"孔子病重,子路为之预办丧事。孔子非贵卿,无家臣,因此子路欲使门人为之。《四书稗疏》:"按家臣之属,有家宰,有邑宰,有家司马,有家宗人,有家士。"《礼记·王制》云:"大夫废其事,终身不仕,死以士礼葬之。"夫子去鲁是退,当以士礼葬。今子路用大夫之礼,故夫子责之。马融曰:"就使我不得以君臣礼葬,有二三子在,我宁当忧弃于道路乎?"

②病间,病稍好。孔安国曰:"少差曰间。"《方言》:"南楚病愈者谓之差,或谓之间。"皇侃疏:"少差则病势断绝有间隙矣。"

③死于臣之手,指人死后,治丧者为其沐体、更衣、整容,由家臣为之。二三子,指门人。宁,难道。

④大葬,孔安国谓"君臣礼葬",指国葬。

9.13 子贡曰:"有美玉于斯,韫椟而藏诸①?求善贾而沽诸②?"
子曰:"沽之哉!沽之哉!我待贾者也③。"

译文:

子贡说:"如果有一块美玉在这里,是将它包着藏在匣子里好呢,还是找一个识货的商人卖掉好呢?"

孔子说:"就卖掉吧!就卖掉吧!我在等待识货的人呢。"

注释:

①韫读为蕴。椟,木匣、木柜。
②贾音古,商人。又音价,价钱。"善贾"亦可能作"好价钱"。
③此当为子贡求其出仕前与孔子的对话。

9.14 子欲居九夷①。
或曰:"陋②,如之何?"
子曰:"君子居之,何陋之有?"

译文:

孔子想去九夷。

有人说:"那里偏远简陋,怎么能住呢?"

孔子说:"有君子住到那里,还有什么简陋?"

注释:

①九夷,东夷。《礼记·明堂位》:"九夷之国,东门之外。"东夷古代常以指今之韩国及日本诸岛。《韩非子·说林上》云:"周公旦攻九夷而商盖伏。"商盖就是商奄。《四书稗疏》:"鲁东海滨本有夷属,故《尚书》称莱夷、岛夷。"

皇侃疏:"东有九夷:一元菟、二乐浪、三高丽、四满饰、五凫臾、六索家、七东屠、八倭人、九天鄙。此海中之夷。"邢昺疏:"《东夷传》,夷有九种:曰畎夷、于夷、方夷、黄夷、白夷、赤夷、玄夷、风夷、阳夷。"

《后汉书·东夷列传》:"昔箕子违衰殷之运,避地朝鲜。始其国俗未有闻也,乃施八条之约,使人知禁,遂乃邑无淫盗,门不夜扃,回顽薄之俗,就宽略之法,行数百千年,故东夷通以柔谨为风,异乎三方者也。苟政之所畅,则道义存焉。仲尼怀愤,以为九夷可居。或疑其陋。子曰:'君子居之,何陋之有?'亦徒有以焉尔。"刘宝楠曰:"九夷者,夷有九种,朝鲜特九夷之一。"

②陋,鄙陋。

9.15 子曰:"吾自卫反鲁①,然后乐正,《雅》《颂》各得其所②。"

译文:

孔子说:"我从卫国回到鲁国后,要整理乐曲,使《雅》归雅乐、《颂》归颂乐,各自配上合适的乐曲。"

注释:

①鲁哀公十三年,孔子返鲁(郑玄引《左传》记在哀公十一年冬,误)。

②雅、颂,指《诗经》中的乐曲。"雅"和"颂"一方面是诗经内容分类的类名,一方面也是乐曲分类的类名。因古乐失传,已无可考。《汉书·礼乐志》云:"周衰,王官失业,《雅》《颂》相错,孔子论而定之,故曰:'吾自卫反鲁,然后乐正,《雅》《颂》各得其所。'"刘宝楠曰:"子曰:'师挚之始,《关雎》之乱,洋洋乎盈耳哉!'《关雎》篇次非有所错,

然洋洋之盛，必待孔子正乐之后。盖自新声即起，音律以乖，先王《雅》《颂》皆因之以乱，诗则是也，声则非也，故曰'恶郑声之乱《雅》乐'也。"

9.16 子曰："出则事公卿，入则事父兄。丧事不敢不勉，不为酒困。何有于我哉①？"

译文：

孔子说："在外执事于公卿，在家执事于父兄。丧礼不敢不认真去办，不因为喝酒而误事。这对我来说，又有什么难呢？"

注释：

①皇侃疏引卫瓘说："三事为酒兴也。"依此，则知孔子颇好酒，又一直在以司祭（相师）身份在列国为贵族主持丧事。

9.17 子在川上，曰："逝者如斯夫！不舍昼夜①。"

译文：

孔子站在川水边，说："时光正像它啊，日夜不停地流去。"

注释：

①《集注》："天地之化，往者过，来者续，无一息之停，乃道体之本然也。"

9.18 子曰："吾未见好德如好色者也①。"

译文：

孔子说："我没有见到过爱好仁德就像爱好女色的人！"

注释：

①《史记·孔子世家》："孔子居卫，灵公与夫人（南子）同车，宦者雍渠参乘，出，使孔子为次乘，招摇市过之。"孔子丑之，故发此叹。

9.19 子曰："譬如为山，未成一篑①，止，吾止也。譬如平地②，虽覆一篑，进，吾往也。"

【译文】

孔子说:"好比堆山,只差一筐土,停止,是我自己想停止的。好比填地,只倒了一筐土,进展,也是我自己想进展的。"

【注释】

①篑(kuì),即今语"筐"。
②平,动词。平地,垫平土地。

9.20　子曰:"语之而不惰者①,其回也与②!"

【译文】

孔子说:"与他谈话始终听而不倦的,只有颜回吧!"

【注释】

①惰,倦惰。厌倦。
②回,颜回。也,即今语"呀"。与,读为今语"吗"。

9.21　子谓颜渊,曰:"惜乎①!吾见其进也,未见其止也。"

【译文】

孔子谈论颜渊,说:"可惜呀!我只见他上进,从未见他止步啊。"

【注释】

①惜乎,可惜。此当是颜渊去世后孔子惜之之语。

9.22　子曰:"苗而不秀者①,有矣夫!秀而不实者,有矣夫!"

【译文】

孔子说:"光出苗生长而不开花,有这种情况吧!光开花而不结子,也有这种情况吧!"

【注释】

①"秀"字从禾,指禾黍的吐花。《诗经·大雅·生民》:"实发实秀,实坚实好。""发"和"秀"是指庄稼的生长和吐穗开花。"坚"和"好"是指谷粒的坚实和壮大。这都是"秀"的本义。现在还把庄稼和吐穗开花

叫作"秀穗"。

9.23 子曰:"后生可畏。焉知来者之不如今也?四十、五十而无闻焉,斯亦不足畏也已。"

译文:

孔子说:"年轻人令人畏惧。谁能预知他们将来不如我们呢?但如果到了四五十岁还未出名,也就不值得畏惧了。"

9.24 子曰:"法语之言①,能无从乎?改之为贵。巽与之言,能无说乎②?绎之为贵。说而不绎③,从而不改,吾末如之何也已矣。"

译文:

孔子说:"正确的话,能不听吗?改错是可贵的啊。顺耳的话,谁听了不高兴?只有能分析才可贵。只顾高兴而不善分析,表面听从而不改正,我对他是没办法的。"

注释:

①法,仪法。法语,正言也。
②巽读为顺。说,悦也。
③绎,析也。或演也,推演。

9.25 子曰:"主忠信①,毋友不如己者。过,则勿惮改。"

译文:

孔子说:"坚守忠信,不要与(忠信)不如自己的人结友。有错,则不要怕改。"

注释:

①本章又见《学而篇》(1.8)。主,住持也,坚守。

9.26 子曰:"三军可夺帅也①,匹夫不可夺志也②。"

译文:

孔子说:"大军可能丧失主帅,但一个人不能丢失志向。"

注释：

①三军，周制，诸侯大国军队可以拥有三军。帅，本义为师、旗帜，借指统率者。

②匹夫：平常百姓；特立独行之士。

9.27 子曰："衣敝缊袍①，与衣狐貉者立，而不耻者，其由也与？'不忮不求，何用不臧②？'"

子路终身诵之。

子曰："是道也，何足以臧③？"

译文：

孔子说："穿着破袍子，同穿着狐貉皮袍的人站在一起，而能不感到羞愧的，也许只有仲由？'不嫉妒，不贪得，还会有什么不快乐？'"

于是子路总吟诵这两句诗。

孔子又说："但若仅守持此道，又怎么能做成事呢？"

注释：

①缊，音运，旧絮。古代没有草棉，所有"絮"字都是指丝绵。一曰，乱麻也。

②"不忮不求，何用不臧"，见《诗经·卫风·雄雉》。忮（zhì），嫉也。

③臧，成也。旧释为善。

9.28 子曰："岁寒，然后知松柏之后彫也①。"

译文：

孔子说："到严寒时，才知道松柏是最后凋落的。"

注释：

①彫，同"凋"，凋零，零落。

9.29 子曰："知者不惑，仁者不忧，勇者不惧。"

译文：

孔子说："智者不会疑惑，仁者不会忧愁，勇者不会畏惧。"

9.30 子曰:"可与共学,未可与适道;可与适道,未可与立;可与立,未可与权。"

译文:

孔子说:"可以在一起学习,未必可以一起求索大道;能一起求道,未必能一起创业;能一起创业,未必懂得权变。"

9.31 "唐棣之华①,偏其反而。岂不尔思②?室是远而③。"

子曰:"未之思也夫,何远之有④?"

译文:

古诗说:"唐棣树的花啊,随风招摇。让我怎能不思念你?只是愈走愈远啊。"

孔子说:"并非真正思念吧,否则怎么会远呢?"

注释:

①唐棣,陆玑《毛诗草木鸟兽虫鱼疏》以为是郁李(蔷薇科,落叶灌木),李时珍《本草纲目》以为是枎栘(yí)(蔷薇科,落叶乔木)。

②读为"岂不思尔"。尔,你也,古同音。

③室,读为逝。是,之也。而,耳也。室是远而:逝之远耳。

④旧多读为"未之思也,夫何远之有",以"夫"为发语词,谬甚。"也夫",语叹词,即后之"也罢",今之"吧"。古无轻唇音,夫、吧音通。

乡党篇第十

10.1 孔子于乡党,恂恂如也,似不能言者^①。其在宗庙朝廷,便便言^②,唯谨尔。

译文:

孔子在乡社中谦和恭顺,像不会说话的人。而他在宗庙朝廷中能言善辩,但是出言谨慎。

注释:

①乡党,乡社。党,堂也。恂,逊也,恭顺貌。
②便便,辩辩。"便"旧读 pián。

10.2 朝,与下大夫言,侃侃如也;与上大夫言^①,誾誾如也^②。君在,踧踖如也,与与如也^③。

译文:

(孔子)上朝,与下大夫交谈,侃侃而谈;与上大夫交谈,沉默寡言。面对君主,恭敬审慎,沉着舒缓。

注释:

①下大夫、上大夫,贵族官名。公卿皆有大夫。
②誾,读为瘖,哑也。
③踧踖,踌躇。与与,通徐徐,舒舒。

10.3　君召使擯。色勃如也①，足躩如也②。揖所与立，左右手，衣前后，襜如也③。趋进，翼如也④。宾退必⑤，复命曰："宾不顾矣⑥。"

译文：

鲁君召孔子任命他为傧相。他的神色昂扬，步履快捷。向身旁人作揖，向左拱手，向右拱手，衣服前后摆动。翩翩快步向前时，像鸟儿舒展翅膀。宾客全部走净后，才回复国君："宾客已经远去不回头了。"

注释：

①擯，即傧，迎宾者。勃如，勃然。

②躩如，捷然。躩，音 jué，皇侃《义疏》引江熙云："不暇闲步，躩，速貌也。"

③前后，俯仰的意思。襜，展也。或说襜音 chān，整齐之貌。

④趋进，在行步时一种表示敬意的行动。

⑤旧从"宾退"断句，不妥。必，通"毕"。宾退必，宾客退席完毕。

⑥不顾，不复返顾、回头也，去不回也。

10.4　入公门，鞠躬如也①，如不容。立不中门，行不履阈。过位，色勃如也，足躩如也，其言似不足者。摄齐升堂②，鞠躬如也，屏气似不息者③。出，降一等，逞颜色，怡怡如也。没阶趋，翼如也。复其位，踧踖如④也。

译文：

孔子进入朝门，像在行鞠躬礼，好像不该进去。不停立在中央门前，不踩门槛。经过国君座位时，神色昂扬，步履健捷，而说话语气则像力气不足似的。提起衣襟上堂，恭敬小心，屏住气停住呼吸。从堂上退出，走下一层台阶，脸色才舒展开来，轻松愉快。下完台阶，就快步向前，像鸟儿展翅一样。回到自己位置上，又是蹜蹜不安的样子。

注释：

①鞠躬：两字双声，状谨慎恭敬貌。

②摄，提。齐，衣襟。

③屏，音 bǐng，又音 bīng，屏气即屏住呼吸。

④踧踖如也，即踧踖然也。

10.5 执圭，鞠躬如也，如不胜①。上如揖，下如授。勃如战色，足蹜蹜如有循②。享礼，有容色③。私觌，愉愉如也④。

译文：

孔子手里拿着圭，像在鞠躬，似乎拿不住。举起如作揖，放下如授物。脸色战战兢兢，脚步紧凑，像踩着线。献礼物时，从容和气。只在私下相见时，才显得轻松愉快。

注释：

①圭，一种玉器，上圆或者作剑头形，下方。举行典礼的时候，君臣都拿着圭。

②蹜，音 sù。蹜蹜，举脚密而狭的样子。循，直也，直线。

③享礼，古代出使外国，初到所聘问的国家，便行聘问礼。享，献也。享礼就是献礼，使臣把所带来的各种礼物罗列满庭。《仪礼·聘礼》："及享，发气焉盈容。""有容色"就是"发气焉盈容"。

④觌，音 dí，相见。

10.6 君子不以绀緅饰①，红紫不以为亵服②。当暑，袗絺绤③，必表而出之。缁衣，羔裘；素衣，麑裘；黄衣，狐裘④。亵裘长短，右袂⑤。必有寝衣，长一身有半⑥。狐貉之厚以居。去丧，无所不佩。非帷裳，必杀之⑦。羔裘玄冠不以吊。吉月，必朝服而朝。

译文：

君子不用深青带红的颜色做衣服领子和袖口的镶边，不用红色、紫色做平时家穿的私服。夏天，穿葛布单衣，出门则必套外衣。穿黑色罩衣则配黑色羔羊皮袍，白色的罩衣则配鹿皮袍，黄色罩衣则配狐皮袍。在家穿的皮袍可长可短，有开口。睡觉必有睡衣，长度要达到身长的一半。用狐貉的厚皮来做坐垫。只在丧期过后才佩戴各种饰品。除了礼服一定要截去多余的布。不要穿黑羔羊皮袍、黑色礼帽去吊丧。每年正月初一，一定要穿礼服去朝见君主。

注释:

①绀音 gàn，缅音 zōu，都是表示颜色。"绀"是深青中透红的颜色，相当于今天的天青色；"缅"是青多红少，比绀更暗的颜色，是铁灰色。"饰"是绲边、镶边、缘边。在古代，黑色是正式礼服的颜色，而这两种颜色都近于黑色，所以不用来镶边，为别的颜色作装饰。

②古代大红叫"朱"，这是很贵重的颜色。"红"和"紫"都属此类，也连带地被重视，不用为平常家居衣服的颜色。

古代帛的染色分许多道工序，一、二、三道染向红的方向，染成之色称"纁"，入黑汁为"绀"，绀再入黑汁为"缅"，缅入黑汁为"玄"，玄入黑汁为"缁"，缁为纯黑。孔子不用绀缅镶边，不用红紫为私居之服用，其原因大体有两种解释：郑玄认为，绀缅紫色类乎玄色，红色类乎纁色，而玄、纁是祭服颜色，所以不宜用它们做镶边、亵衣；又一说是认为它们都不是正色，讨厌它们夺了正色。

③袗音 zhěn，单也。此处用为动词。缔音 chī，细葛布。绤音 xì，粗葛布。

④古代穿皮衣，毛向外，因之外面一定要用罩衣，这罩衣就叫作裼(xī)衣。这里"缁衣""素衣""黄衣"的"衣"指的正是裼衣。缁，黑色。古代所谓羔裘都是黑色的羊毛，就是今天的紫羔。麑音 ní，小鹿，它的毛是白色。

⑤亵裘长是为了保暖。古代男子上面穿衣，下面穿裳（裙），衣、裳不相连。因之孔子在家的皮袄就做得比较长。袂，袖子。右袖较短，为做事方便。

⑥寝衣即被，古代大被叫"衾"，小被叫"被"。

⑦帷裳，礼服，上朝和祭祀时穿，用整幅布做，不加剪裁，多余的布作褶叠（古代叫作襞积），犹如今天的百褶裙。杀，去声，减少，裁去。"杀之"就是缝制之先裁去多余的布，不用褶叠，省工省料。

10.7 齐，必有明衣，布①。齐，必变食②，居必迁坐③。

译文:

斋戒，一定要着清洁之衣，以布做。斋戒时，一定要改变饮食，一定要独居一室。

注释：

①王夫之《四书稗疏》说："古之言布者，兼丝麻枲葛而言之。练丝为帛，未练为布，盖今之生丝绢也。《清商曲》有云'丝布涩难缝'，则晋宋间犹有丝布之名。唯《孔丛子》谓麻苎葛曰布，当亦一隅之论。"赵翼《陔余丛考》说："古时未有棉布，凡布皆麻为之。《记》曰'治其丝麻，以为布帛'是也。"

②齐，斋。变食，便食也。杨伯峻称变食古人有三种说法："（甲）《庄子·人间世》说：'颜回曰："回之家贫，惟不饮酒不茹荤者数月矣。如此，则可以称齐乎？"曰："是祭祀之齐，非心齐也。"'有人据此，便把'不饮酒，不茹荤'（荤是有浓厚气味的蔬菜，如蒜、韭、葱之属）来解释'变食'。（乙）《周礼·天官·膳夫》：'王日一举……王齐，日三举。'这意思是王每天虽然吃饭三顿，却只在第一顿饭时杀牲，其余两顿，只把第一顿的剩菜回锅罢了。天子如此，其他的人更不会顿顿吃新鲜的。若在斋戒之时那就顿顿吃新鲜的，不吃回锅的剩菜，取其洁净，这便是'变食'。（丙）金鹗《求古录礼说补遗》说，变食不但不饮酒、不食葱蒜等，也不食鱼肉。"

③迁坐即改变卧室。古代的上层人物平常和妻室居于"燕寝"；斋戒之时则居于"外寝"（也叫正寝），和妻室不同房。唐朝的法律还规定如举行大祭，在斋戒之时官吏不宿于正寝的，每一晚打五十竹板。这或者犹是古代风俗的残余。（杨伯峻说）

10.8 食不厌精，脍不厌细①。食饐而餲，鱼馁而肉败，不食②。色恶，不食。臭恶，不食。失饪，不食③。不时，不食④。割不正，不食⑤。不得其酱，不食。肉虽多，不使胜食气⑥。唯酒无量，不及乱⑦。沽酒市脯⑧，不食。不撤姜食，不多食⑨。

译文：

食物愈精美愈好，肉类愈新鲜愈好。粮食发霉变色，鱼肉腐败变质，不吃。颜色变坏，不吃。气味难闻，不吃。烹调不熟，不吃。不是进食的时间，不吃。砍割肉的部位不对，不吃。没有合适的酱醋作料，不吃。席上肉食虽然多，但吃肉不超过主食。喝酒不限量，但不可乱性。已陈故变质的酒、市上买来的肉干，不吃。（餐桌）从不撤去姜料，吃饭不过饱。

注释：

①精即美也。细，鲜也。旧注为细小，谬。

②饐，音 yì，阴。餲，黑，霉。馁，音 něi，鱼腐烂叫"馁"，肉腐烂叫"败"。

③饪，烹调。失饪，烹制未熟。

④不时之物，温室所种（见《汉书·循吏传》及《盐铁论·散不足篇》）。又，不合季时之物。又，食之有时，不至时不吃。《吕氏春秋·尽数》："食能以时，身必无灾。"

⑤割不正，"割"和"切"不同。"割"指宰杀猪牛羊时肢体的分解。古人有一定的分解方法，不按那方法分解的，便叫"割不正"。说见王夫之《四书稗疏》。

⑥食音 sì。"气"，《说文》引作"既"。"既""气""饩"三字古书通用。"食气"，饭料。

⑦高亨《周易古经今注》云："乱者神志昏乱也。《左传》宣公十五年传：'疾病则乱。'《论语·乡党篇》：'唯酒无量不及乱。'……《象传》曰：'乃乱乃萃，其志乱也。'"

⑧沽，亦作酤，又作故。宿酒、陈酒也。《集注》："沽、市，皆买也。"《听雨纪谈》："三代无酤酒者，至汉方有榷酤，则沽酒似以一宿之酒为是。"《诗经·小雅·伐木》："无酒酤我。"《毛传》："一宿酒谓之酤。"

⑨姜，《说文》："御湿之菜也。"《论语竢质》："用以调和食物，杀肉之腥臭者。"不多食，不过饱也。

10.9 祭于公，不宿肉①。祭肉不出三日。出三日，不食之矣。

译文：

参与公祭，前一天不吃肉。祭祀之肉陈放不能超过三天。超过三天后，人就不能吃了。

注释：

①不宿肉，古代的大夫、士都有助君祭祀之礼。天子诸侯的祭礼，当

天清早宰杀牲畜，然后举行祭典。第二天又祭，叫作"绎祭"。绎祭之后才令各人拿自己带来助祭的肉回去，或者又依贵贱等级分别颁赐祭肉。这样，祭于公的肉，在未颁下来以前，至少放了一两宵了，因之不能再存放一夜（杨伯峻说）。《穀梁传》定公十四年传曰："脤者何也？俎实也，祭肉也。生曰脤，熟曰膰。"《说文》：䎒，宗庙火孰肉。《春秋传》曰："天子有事䎒焉。"今或作"燔"。又《说文》："胙，祭福肉也。"《左传》僖公九年："王使宰孔赐齐侯胙。"天子诸侯祭毕，助祭之臣皆颁赐之，以均神惠，即"牲体"也。凡杀牲皆于祭日旦明行事，至天子诸侯之明日又祭，谓之绎祭。祭毕，乃颁所赐肉及归宾客之俎。则胙肉之来，或已三日，故不可再宿。

10.10 食不语，寝不言[1]。

译文：

进餐时不讲话，睡下后不讲话。

注释：

[1]《说文》："直言曰言，论难曰语。"《诗经·大雅·公刘》："于时言言，于时语语。"皇侃疏："直言曰言，谓一人自言。答难曰语，谓二人相对。"《礼记》云："三年之丧，言而不语。"郑注："言，自言己事也。语，为人论说也。"

10.11 虽疏食、菜羹，瓜祭[1]，必齐如也[2]。

译文：

即使吃粗米饭、蔬菜汤，也必定先用它上祭，而且必定像斋戒那样恭敬虔诚。

注释：

[1]瓜祭，《古论》作"瓜祭"，有些本子作"必祭"，《左传》叫"泛祭"。《群经识小》：必字从八弋，篆文与瓜相近而误。

[2]《集解》孔曰："齐，严敬貌。三物虽薄，祭之必敬。"齐古音与敬通，敬也。邢疏："蔬食也，菜羹也，瓜也，三物虽薄，将食祭先之时，亦

必严敬。"

10.12 席不正，不坐①。

译文：

座席铺得不端正，不坐。

注释：

①杨伯峻说："古代没有椅和凳，都是在地面上铺席子，坐在席子上。席子一般是用蒲苇、蒯草、竹篾以至禾穰为质料。现在日本人还保留着席地而坐的习惯。"《墨子·非儒》说："哀公迎孔子，席不端，不坐。"以"端"解"正"，则"席不正"，是座席不端正之意。《汉书·王尊传》说"[匡]衡与中二千石大鸿胪赏等会坐殿门下，衡南乡，赏等西乡。衡更为赏布东乡席，起立延赏坐……而设不正之席，使下坐上"，"席不正"是布席不合礼制之意。

10.13 乡人饮酒①，杖者出，斯出矣②。

译文：

行乡饮酒礼后，要等老年人先出，然后再走出。

注释：

①乡饮酒，乡社之祭也。即行乡饮酒礼。

②孔安国注："杖者，老人也。"

《礼记·乡饮酒义》有"少长以齿"，《王制篇》有"习乡尚齿"，即论年龄大小排序。《论语偶记》云："此乡人饮酒，谓党正蜡祭饮酒也。所以知然者，经云'杖者出，斯出矣'，是主于敬长。《周官·党正职》云：'国索鬼神而祭祀，则以礼属民，而饮酒于序，以正齿位。'《乡饮酒义》第五节云：'六十者坐，五十者立侍以听政役，所以明尊长也。六十者三豆，七十者四豆，八十者五豆，九十者六豆，所以明养老也。'"党中饮酒亦称乡者，党，乡之细，与州长以礼会民而射于州序之饮，同得为乡饮酒。郑玄云："谓之乡者，州党乡之属也。"

皇侃疏："《礼》，五十杖于家，六十杖于乡，故呼老人为杖者也。乡人饮酒者贵龄崇年，故出入以老人者为节也。"段玉裁《经韵楼集》说："乡饮酒礼古谓之乡。《说文》：'飨，乡人饮酒。'……其礼主于养老。"

10.14　乡人傩①，朝服而立于阼阶②。

译文：

乡人举行驱逐疫鬼之大礼时，他穿着礼服站立在家庙东阶（迎望）。

注释：

①傩，音 nuó，《鲁论》作"献"。《礼记》作"禓"。"禓"字又作"难"。武祭，每年举行三次，驱逐疫鬼。

《周官·占梦》云"季冬，遂令始难殴疫"，注："难，谓执兵以有难却也。"《月令》："季春之月，命国难，九门磔攘，以毕春气。仲秋之月，天子乃难，以达秋气。季冬之月，命有司大难，旁磔，出土牛，以送寒气。"引郑玄注："十二月，命方相氏索室中，逐疫鬼。"凡难有三。季春国难，毕春气，诸侯以下不得难。仲秋天子难，达秋气，天子以下不得难。唯季冬难，贵贱皆得为，故谓之大。《郊特牲》注："禓，强鬼也。"禓，疫也。《论语》"乡人傩"，注云："殴逐疫鬼。即《月令》所谓'难阴气'也。"《郊特牲》："乡人禓。"注："禓，强鬼。"《小尔雅》曰："无主之鬼谓之殇。""殇"与"禓"通。鬼无主则为厉，故曰强鬼。

张衡《东京赋》："煌火驰而星流，逐赤疫于四裔。"注引《续汉书》曰："傩，持火炬送疫出端门外，骖骑传炬出宫，五营骑士传火弃洛水中。"孔安国曰："傩，驱逐疫鬼。恐惊先祖，故朝服而立于庙之阼阶。"

皇侃疏："傩者，逐疫鬼也。为阴阳之气不即时退，疫鬼随而为人作祸，故天子使方相氏，黄金四目，蒙熊皮，执戈扬楯，玄衣朱裳，口作傩傩之声，以殴疫鬼也。一年三过为之，三月、八月、十二月也。故《月令》季春云'命国傩'，郑玄云：'此傩，傩阴气也。阴寒至此不止，害将及人，厉鬼随之而出行。'至仲秋又云'天子乃傩'，郑玄云：'此傩，傩阳气也。阳暑至此不衰，害亦将及人，厉鬼亦随之而出行。'至季冬又云'命有司大傩'，郑云：'此傩，傩阴气也。厉鬼将随强阴出害人也。'"

②阼（zuò），东面的台阶，主人所立之地。

10.15　问人于他邦①，再拜而送之②。

译文：

托人在国外看望友人，送行时要连拜两次。

注释：

①皇侃疏："问者，谓更相聘问也。他邦，谓邻国之君也。"古代问候礼，必致送礼物以示情意。《诗经·郑风·女曰鸡鸣》："杂佩以问之。"《左传》成公十六年"楚子使工尹襄问郤至以弓"，哀公十一年"使问弦多以琴"。佩、弓、琴皆为馈礼。

②拜，拱手并弯腰。

10.16　康子馈药，拜而受之，曰："丘未达，不敢尝①。"

译文：

季康子来送药，（孔子）拜谢而接受，说："我不了解药性，不敢尝用。"

注释：

①古礼，君长赠食，受者先尝。潘维城《论语古注集笺》：《说文》："馈，饷也。药，治病草。尝，口味之也。"《周礼·医师》"聚毒药以共医事"，郑注："毒药，药之辛苦者。药之物恒多毒。"

此事在孔子归鲁之后。孔子病于陈，归鲁未愈。

10.17　厩焚。子退朝，曰："伤人乎？"不问马①。

译文：

马棚失火。孔子退朝归，问："伤人了吗？"不问是否伤了马。

注释：

①《孔子家语·子贡问》："孔子为大司寇，国厩焚，子退而之火所，乡人有自为火来者则拜之，士一，大夫再。"郑玄曰："重人贱畜也。退朝者，自鲁之朝来归也。"

皇侃疏："厩，养马之处也。焚，烧也。孔子家养马处被烧也。孔子早上朝，朝竟而退还家也。"王弼云："孔子时为鲁司寇，自公朝退，而之火所。不问马者,矫时重马者也。"

饲马曰皂人、造人。皂,槽也。

10.18　君赐食,必正席先尝之。君赐腥①,必熟而荐之。君赐生②,必畜之。侍食于君,君祭,先饭③。

译文：

国君赐食,必定坐正后先尝一尝。国君赐给鲜肉,必定煮熟,用以供奉祖先。国君赐给活物,必定将它养起来。陪国君用餐,当国君行祭礼时,他自己只吃米饭(不品尝菜肴)。

注释：

①腥,古字作"胜"。《说文》:"从肉,生声。"
②生,活物也。
③先饭,先吃黍稷,待君食后,方敢共尝膳馐。《路史》载苏辙曰:"礼,食必祭,祭先饭,祭乎其始食者也。古者将田祭貉,将射祭侯,用火祭爟,用师祭祃,食必祭先仓,爨必祭先炊,养老则祭先老,不忘本也。先衣、先虞、先蚕、先卜、先马、先牧、先农、先啬、先食、先酒,皆其类矣。先王之制礼,无非教也。"

10.19　疾,君视之。东首①,加朝服,拖绅②。

译文：

病了,国君来看望。孔子头朝东,将礼服盖在身上,大带拖垂于地。

注释：

①东首,指孔子病中卧床而言。古人卧榻一般设在南窗的西面,国君来,从东边台阶走上来(东阶就是阼阶,原是主人的位向,但国君出入从阼阶上下),所以孔子面朝东来迎接他。
②孔子卧病在床,自不能穿朝服,只能盖在身上。绅是束在腰间的大带。孔子束了以后,仍有一节垂下来。

10.20　君命召,不俟驾行矣①。

译文：

国君传命召见，不等车马驾好，立即动身。

注释：

①《荀子·大略》曰："诸侯召其臣，臣不俟驾，颠倒衣裳而走，礼也。《诗》云：'颠之倒之，自公召之。'"

10.21　入太庙，每事问①。

译文：

（他）进入太庙，事事请教。

注释：

①又见于《八佾》（见3.15）。

10.22　朋友死，无所归①。曰："于我殡②。"

译文：

有友人死，没有亲属料理后事。孔子就说："由我来办理丧事。"

注释：

①无所归，死无所归。

②于，由也，让。殡，停放灵柩叫殡，埋葬也叫殡，这里当指丧葬事务而言。

10.23　朋友之馈，虽车马，非祭肉，不拜①。

译文：

朋友的赠品，即使是赠车马，只要不是祭肉，不行拜礼。

注释：

①车马，重礼也。祭肉，敬神品也。

10.24　寝不尸①，居不容②。

译文：

睡卧不要像死尸那样挺直。卧室中不会客。

注释：

①《论语集注》："尸，谓偃卧似死人也。"《说文》："尸，陈也，象卧之形"。

②《经典释文》"容"作"客"。居不客：居，居室；客，宾客。异读"居"为"踞"，坐也。杨伯峻说："古人的坐法有几种，恭敬的是屈着两膝，膝盖着地，而足跟承着臀部。做客和见客时必须如此。不过这样难以持久，居家不必如此。省力的坐法是脚板着地，两膝耸起，臀部向下而不贴地，和蹲一样。所以《说文》说：'居，蹲也。'最不恭敬的坐法是臀部贴地，两腿张开，平放而直伸，像箕一样，叫作'箕踞'。孔子平日的坐式可能像蹲。说见段玉裁《说文解字注》。"

10.25 见齐衰者，虽狎①，必变。见冕者与瞽者，虽亵，必以貌。凶服者，式之②。式负版者③。有盛馔，必变色而作。迅雷风烈④，必变。

译文：

见了服丧者，即使是亲近的人，神情一定变为严肃。见佝偻者和盲者，即使地位很低，也必以礼相见。（乘车）遇到服丧者就俯身扶轼。遇到背负国家户籍、地图者，就俯身扶轼。主人陈设丰盛的食物，必定改变神色，起身致谢。遇到迅雷疾风，必定变得很严肃。

注释：

①狎，近。

②"式"同"轼"，即古代车辆前的横木，这里作动词用，用手扶轼的意思。

③版，国家图籍。

④迅雷风烈，就是"迅雷烈风"。

10.26 升车，必正立，执绥①。车中，不内顾②，不疾言，不亲指。

译文：

登车，必端正站立，拉住车上的绳子。坐在车中，不从内张望，不突然讲话，不指指点点。

注释：

①绥，绳也。

②《鲁论》无"不"字。皇侃疏："顾，回头也。"

10.27　色斯举矣，翔而后集①。

曰："山梁雌雉，时哉②！时哉！"

子路共之③，三嗅而作④。

译文：

有彩色物飞起，滑翔而后停落。

孔子说："山上的雌雉，是啊！是啊！"

子路轰之，（野鸡）张翅三次而飞走。

注释：

①集，栖也。

②时，读为是。

③共，同"拱"。

④嗅，异本作"臭"，当作"狊（jù）"，张两翅之貌。《唐石经》中"嗅"作"戞"，像鸟鸣。

此章意不明，历来聚讼纷纭。

先进篇第十一

11.1 子曰:"先进于礼乐,野人也。后进于礼乐,君子也①。如用之,则吾从先进。"

译文:

孔子说:"先学习礼乐的,是(下层的)野人。后学习礼乐的,是(上层的)君子。如果用人,我追从先学礼乐的人。"

注释:

①《集注》:"野人,谓郊外之民。君子,谓贤士大夫也。"

此章千古失解,后儒聚讼纷纭。孔子何以贬君子扬小人也?盖孔子早年亦被视为"野人"也。

11.2 子曰:"从我于陈、蔡者,皆不及门也①。"

译文:

孔子说:"曾跟随我在陈国、蔡国的弟子,现在都已不在门下了。"

注释:

①孔子曾困于陈、蔡之间。《史记·孔子世家》云:"吴伐陈,楚救陈,军于城父。闻孔子在陈、蔡之间,楚使人聘孔子,孔子将往拜礼。陈、蔡大夫谋曰:'孔子贤者,所刺讥皆中诸侯之疾,今者久留陈、蔡之间,诸大夫所设行皆非仲尼之意。今楚,大国也,来聘孔子。孔子用于楚,则陈、蔡用事大夫危矣。'于是乃相与发徒役围孔子于野。不得行,绝粮。从者

病,莫能兴……于是使子贡至楚。楚昭王兴师迎孔子,然后得免。"

《周礼·春官·小宗伯》:"掌三族之别,以辨亲疏。其正室皆谓之门子,掌其政令。"注云:"正室,适(嫡)子也。将代父当门者也。"适(嫡)子代父当门则称门子。《论语稽》云:"陈蔡之厄在哀四年庚戌,孔子时年六十一,子游十六,子夏十七。子夏《诗》有序,《书》有说,《易》与《丧服》有传,其传圣道之功甚大……(子游)以习礼列于文学,三代典章之遗,赖子游而存。惟当从陈、蔡时尚在童稚之年,似稍嫌言之过早。"

此章也聚讼纷纭。窃意当在孔子归鲁之后,直解为是。《集注》谓:"孔子尝厄陈、蔡之间,弟子多从之者。此时皆不在门,故孔子思之,盖不忘其相从于患难之中也。"

11.3 德行:颜渊、闵子骞、冉伯牛、仲弓。言语:宰我、子贡。政事:冉有、季路。文学①:子游、子夏。

译文:

(孔门弟子)德行突出的有:颜渊、闵子骞、冉伯牛、仲弓。善辩的有:宰我、子贡。能行政的有:冉有、季路。精通文献的有:子游、子夏。

注释:

①文学,文字、学术,即孔子所传的《诗》《书》《易》等(皇侃义疏引范宁说如此)。《后汉书·徐防传》说:"防上疏云:'经书礼乐,定自孔子;发明章句,始于子夏。'"

11.4 子曰:"回也,非助我者也。于吾言无所不说①。"

译文:

孔子说:"颜回啊,不是能帮助我的人。因为他对我所讲的,没有不赞成的。"

注释:

①说,悦。

11.5 子曰:"孝哉,闵子骞!人不间于其父母昆弟之言。"

译文

孔子说:"闵子骞孝啊!他对待父母兄弟让人没有闲话说。"

11.6 南容三复"白圭"①,孔子以其兄之子妻之。

译文

南容三次反复诵读"白圭"之诗,于是孔子将哥哥的女儿嫁给他。

注释

①《诗经·大雅·抑》:"白圭之玷,尚可磨也;斯言之玷,不可为也。"意思是白圭的污点还可以磨掉,我们言语中的污点却没有办法去掉。

11.7 季康子问:"弟子孰为好学?"①

孔子对曰:"有颜回者好学,不幸短命死矣。今也则亡。"

译文

季康子问:"你的弟子中谁最好学?"

孔子答说:"有一个叫颜回的最为好学,不幸短命死了。现在啊,已没有了。"

注释

①鲁哀公曾经也有此问(见6.3),问时康子与哀公同在。与此略同。

11.8 颜渊死,颜路请子之车以为之椁①。

子曰:"才不才,亦各言其子也。鲤也死,有棺而无椁②。吾不徒行以为之椁。以吾从大夫之后,不可徒行也。"

译文

颜渊死后,(其父)颜路请求孔子卖掉车子为颜渊买一具外椁。

孔子说:"无论有才无才,总是自己的儿子。孔鲤死的时候,也只有棺而没有椁。我不能为了给他(指颜回)买椁而步行,因为我当过大夫,是不可以步行的。"

注释：

①椁也作"槨"，音 guǒ。古代贵族棺木至少用两重，里面的一重叫棺，外面又一重大的叫椁，"内棺外椁"。颜路，颜回的父亲，据《史记·仲尼弟子列传》，名无繇，字路，也是孔子学生。

②其，古音近jǐ，通"己"。"其子"当训"己子"即我子。鲤，字伯鱼，孔子之子。《论语足征记》："颜渊死时孔子年七十一，颜渊寿四十一，少孔子三十岁，后伯鱼三年死也。"《集注》："言鲤之才虽不及颜渊，然已与颜路以父视之，则皆子也。"

11.9 颜渊死。

子曰："噫！天丧予①！天丧予！"

译文：

颜渊死了。

孔子说："唉！是天要毁弃我！是天要毁弃我！"

注释：

①丧，抛弃。

11.10 颜渊死，子哭之恸①。

从者曰："子恸矣！"

曰："有恸乎？非夫人之为恸而谁为？"

译文：

颜渊死了，孔子哭得很悲痛。

身边人说："你太悲痛了！"

孔子说："太悲痛了吗？但若不为这样的人悲痛，还应为谁悲痛？"

注释：

①郑玄注："恸，变动容貌。"马融注："恸，哀过也。"

11.11 颜渊死，门人欲厚葬之。

子曰："不可。"

门人厚葬之①。

子曰:"回也视予犹父也②,予不得视犹子也。非我也,夫二三子也③。"

译文:

颜渊死了,弟子们要厚葬。

孔子说:"不要。"

弟子们还是厚葬了他。

孔子说:"颜回看我如同父亲,但我却不能将他当儿子看。不是我不愿呀,是怕弟子们有意见啊。"

注释:

①《礼记·檀弓》记孔子言,认为丧葬应该"称家之有亡,有,毋过礼。苟亡矣,敛首足形,还葬,县棺而封"。县的繁体"縣",又同古代的"悬"。颜渊家中本穷,而用厚葬,孔子认为是不应该的。

②予、余、吾、我、俺,皆一音之转。

③二三子,指诸弟子。

11.12 季路问事鬼神。

子曰:"未能事人,焉能事鬼?"

曰:"敢问死①。"

曰:"未知生,焉知死?"

译文:

季(子)路问怎样侍奉鬼神。

孔子说:"还没有侍奉好活人,怎么能去侍奉鬼神?"

季路又问:"冒昧再问,应当如何看待死亡?"

孔子说:"还不知怎么活着,又怎能考虑死?"

注释:

①《仪礼·士虞礼》郑玄注:"敢,冒昧之词。"贾公彦疏云:"凡言'敢'者,皆是以卑触尊不自明之意。"敢,敬也。庄、敢古字通。庄,敬也。

11.13 闵子侍侧,訚訚如也。子路,行行如也①。冉有、子贡,侃侃如也②。

子乐③:"若由也,不得其死然④。"

译文:

闵子骞侍立在孔子旁,恭恭敬敬。子路,倨罕的样子。冉有、子贡,从从容容。

孔子笑了:"要都像仲由那样,只怕不能以寿终。"

注释:

①行,古音读 hèng(今犹有 xíng、háng 二音)。

②侃侃,康康,喜悦松弛。

③乐,读为悦,亦与曰通。

④不得其死然:得死,当时俗语,谓得善终。《左传》僖公十九年"得死为幸";哀公十六年"得死,乃非我"。不得其死,死于非命。

11.14 鲁人为长府①。闵子骞曰:"仍旧贯②,如之何?何必改作?"

子曰:"夫人不言,言必有中。"

译文:

鲁国要改建大府库。闵子骞说:"就用旧的,又怎么样?为什么要改建?"

孔子说:"这人不爱讲话,一讲话就到位。"

注释:

①郑玄:"长府,藏名也。藏货物财曰府。"

②仍,《鲁论》作"仁"。仁、仍音近义通。

11.15 子曰:"由之瑟,奚为于丘之门①?"

门人不敬子路。

子曰:"由也升堂矣,未入于室也②。"

译文:

孔子说:"像仲由这样笨,在我门下能做什么?"

于是弟子们不尊敬子路。

孔子说:"仲由啊,已经算登上正堂了,只是还未进入内室。"

注释

①瑟,缩也,愚笨。旧注多直解即古代的乐器瑟,和琴同类,长八尺一寸,广一尺八寸,二十七弦。

②"堂"是正厅,"室"是内室。先入门,次升堂,最后入室。"入室"犹如今天的俗语"到家"。

11.16 子贡问:"师与商也,孰贤①?"

子曰:"师也过,商也不及。"

曰:"然则师愈与?"

子曰:"过犹不及。"

译文

子贡问:"颛孙师和卜商,哪个更好?"

孔子说:"颛孙师做事过头,卜商总差一点。"

问:"那么,阿师好一些吗?"

孔子说:"过了头和达不到是一样的。"

注释

①师,颛孙师,字子张。商,卜商,字子夏。

11.17 季氏富于周公①,而求也为之聚敛而附益之②。

子曰:"非吾徒也!小子鸣鼓而攻之,可也。"

译文

季氏已比周王室还富,然而冉求还为他搜刮、积聚,以增加他的财富。

孔子说:"(冉求)已经不是我的弟子!弟子们,你们擂起鼓来讨伐他,可以啊!"

注释

①周公,非鲁周公。公,王也。公古音翁,与王音通,此指王室。

②聚敛而附益之：季氏要改田赋制度，增加赋税，使冉求征求孔子的意见，孔子则主张"施取其厚，事举其中，敛从其薄"。结果冉求仍旧听从季氏，实行新田赋制度（参《左传》哀公十一年和十二年文）。聚敛，《礼记·大学》说"百乘之家，不畜聚敛之臣。与其有聚敛之臣，宁有盗臣"，或亦指此。

11.18　柴也愚①，参也鲁②，师也辟③，由也喭④。

译文：

（诸弟子中）高柴憨直，曾参迟钝，颛孙师偏执，仲由鲁莽。

注释：

①柴，高柴（公元前521年—?），字子羔，孔子学生，比孔子小30岁。愚，愚直。

②参，曾参。鲁，鲁钝。

③师，子张。辟，偏狭。"辟读若《左传》'阙西辟'之辟，偏也。以其志过高而流于一偏也。"（黄式三《论语后案》）

④由，仲由，子路。喭，逸也，野也。王弼云："喭，刚猛也。"

11.19　子曰："回也其庶乎①，屡空②。赐不受命③，而货殖焉④，亿则屡中⑤。"

译文：

孔子说："颜回该说很卓越罢，但他缺衣少食。端木赐不信天命，去经商，猜测行情倒常常猜中。"

注释：

①庶，卓。

②空，即箪瓢屡空，一无所有。杨伯峻说："'贫'和'穷'两字在古代有时有些区别，财货的缺少叫贫，生活无着落、前途无出路叫穷。'空'字却兼有这两方面的意思。"

③赐，子贡。命，天命。

④货殖，经商也。殖，殖产，资本也。

⑤亿，臆也，估计。

11.20　子张问善人之道①。

子曰："不践迹②，亦不入于室。"

译文：

子张问改善人的方法。

孔子说："不要踩着别人的脚印走，也不要进入别人的房屋。"

注释：

①善，作动词。善人，即改善人。除本章外，孔子还曾两次论到"善人"（见7.26与13.11），皆谓"仁人"。又《汉书·刑法志》："孔子曰：'如有王者，必世而后仁。善人为国百年，可以胜残去杀矣。'"

②孔安国曰："践，循也。"

11.21　子曰："论笃是与①，君子者乎？色庄者乎②？"

译文：

孔子说："评论敦厚的人，就要看这个人究竟是真君子呢，还是伪装的呢？"

注释：

①笃，敦也，孰厚。与，焉也，问辞。

②庄，妆也。妆，扮演，伪装。

11.22　子路问："闻斯行诸①？"

子曰："有父兄在，如之何？其闻斯行之？"

冉有问："闻斯行诸？"

子曰："闻斯行之。"

公西华曰："由也问'闻斯行诸'，子曰'有父兄在'；求也问'闻斯行诸'，子曰'闻斯行之'。赤也惑，敢问。"

子曰："求也退，故进之。由也兼人②，故退之。"

译文：

子路问道:"听到真理就该去做吗?"

孔子说:"父亲、兄长都还在,怎么办?能听了就去做吗?"

冉有也问:"听到真理就该去做吗?"

孔子说:"听到真理就要去做。"

公西华说:"仲由问'听到真理就该去做吗',您说'父亲、兄长都还在';阿求问'听到真理就该去做吗',您却说'听了就该去做'。我迷惑了,冒昧问一句,这是为什么?"

孔子说:"阿求遇事退缩,所以要促进他。仲由是性急的人,所以要让他慢一点。"

注释：

①斯,则。诸,之乎合音,斯,指道,真理。

②兼人,孔安国和朱熹都把"兼人"解为"胜人"。我以为:兼,慊也,急也。

11.23 子畏于匡①,颜渊后。

子曰:"吾以女为死矣。"

曰:"子在,回何敢死?"

译文：

孔子在匡邑遭到危难,颜渊落在后面。

孔子说:"我还以为你没命了。"

颜渊说:"您还活着,我怎么敢死呢?"

注释：

①畏,危也。

11.24 季子然问①:"仲由、冉求可谓大臣与②?"

子曰:"吾以子为异之问,曾由与求之问。所谓大臣者,以道事君,不可则止。今由与求也,可谓具臣矣③。"

曰:"然则从之者与?"

子曰:"弑父与君,亦不从也。"

译文:

季子然问道:"仲由、冉求可以做大臣吗?"

孔子说:"我以为你会问别的人,竟是问仲由、冉求。所谓大臣,要遵照道义服务于君主,如果行不通就不要干了。现在的仲由与冉求只是做(季氏)家臣而已。"

问:"既然这样,那么他们会一切听从(季氏)吗?"

孔子说:"杀父杀君的事,他们是不会听从的。"

注释:

①《集释》引《世族谱》:"子然、平子,意如之子。"

②仲由、冉求均为季氏家臣。谓,为也。

③具臣,即家臣,具、家音通。或说具臣,为事之臣。这一章可以与5.8、3.6、16.1合看。

11.25　子路使子羔为费氏宰①。

子曰:"贼夫人之子。"

子路曰:"有民人焉,有社稷焉②,何必读书,然后为学③?"

子曰:"是故,恶夫佞者④。"

译文:

子路让子羔担任费邑长官。

孔子说:"你要害了人家的子弟。"

子路说:"那里也有百姓,有社稷,不必非要去读书才可以学习啊!"

孔子说:"是嘛!所以我讨厌狡辩的人。"

注释:

①费氏,《史记·仲尼弟子列传》,异文作"费郈"。费氏邑在今山东费县境。

②孔安国曰:"言治民事神,于是而习之,亦学也。"朱熹曰:"言治民事神皆所以为学。"社,土神。稷,谷神。

③《韩诗外传》:"哀公问于子夏曰:'必学然后可以安国保民乎?'子

夏曰：'不学而能安国保民者，未之有也。'"

④恶，厌恶。佞，昵也，口甘辞快曰佞。

11.26　子路、曾皙①、冉有、公西华侍坐。

子曰："以吾一日长乎尔，毋吾以也②。居则曰：'不吾知也③！'如或知尔，则何以哉？"

子路率尔而对曰④："千乘之国，摄乎大国之间，加之以师旅，因之以饥馑，由也为之，比及三年，可使有勇，且知方也。"

夫子哂之。"求，尔何如？"

对曰："方六七十，如五六十⑤，求也为之，比及三年，可使足民。如其礼乐，以俟君子。"

"赤，尔何如？"

对曰："非曰能之，愿学焉。宗庙之事，如会同，端章甫⑥，愿为小相焉⑦。"

"点，尔何如？"

鼓瑟希，铿尔，舍瑟而作，对曰："异乎三子者之撰⑧。"

子曰："何伤乎？亦各言其志也。"

曰："莫春者⑨，春服既成，冠者五六人，童子六七人，浴乎沂，风乎舞雩，咏而归⑩。"

夫子喟然叹曰："吾与点也⑪！"

三子者出，曾皙后。曾皙曰："夫三子者之言何如？"

子曰："亦各言其志也已矣。"

曰："夫子何哂由也？"

曰："为国以礼，其言不让，是故哂之。"

"唯求则非邦也与⑫？"

"安见方六七十如五六十而非邦也者？"

"唯赤则非邦也与？"

"宗庙会同，非诸侯为何？赤也为之小，孰能为之大？"

译文：

子路、曾皙、冉有、公西华侍坐在孔子身边。

孔子说:"因为我年岁比你们大,我已不中用了。你们平日常对我说:'人家不了解我啊!'如果有人了解你们,(信任你们,)那你们准备怎么做呢?"

子路轻率地说:"以一千辆兵车的国家,纵横于大国之间,训练军队,不怕闹饥荒,让我放手做,只需三年,便可使人民勇敢,并且会打仗。"

孔子冷笑。"冉求,你志向怎样?"

他答道:"长六七十里、宽五六十里的地方,由我去治理,三年后,使人民生活富足。至于礼乐教化,我再请君子去施行。"

"公西赤,你怎么样?"

答:"我不能说做得到,但是我愿意学习。宗庙祭祀的事,举行盟会,头戴礼帽,我愿当一个小司礼。"

"曾点,你怎么样?"

曾皙弹瑟的声音稀疏了,"铿"的一声停下来,他放下瑟起身,回答道:"我和他们三人讲的都不同。"

孔子说:"有什么关系呢?可以随意谈谈自己的志向嘛。"

答:"在暮春时节,当迎春的新服装已制成,同五六个青年,带着六七个少年,到沂水中洗浴,迎风舞雩,然后吟唱着去祭祀。"

孔子感叹道:"我欣赏曾点啊!"

三人走出后,曾皙问:"他们三人讲得怎么样?"

孔子说:"不过是随便谈谈自己的志向罢了。"

问:"那么老师为什么要对仲由冷笑呢?"

孔子说:"治理国家要靠礼,而他谈话无礼,因此对他冷笑。"

"冉求说的或许不是指一个国家吧?"

"长六七十里、宽五六十里的地方还不是一个国家吗?"

"那么公西赤所说的不也是治国吗?"

"有宗庙、有盟会,这样的不是国家又是什么呢?如果公西赤只能做小的祭师,那么大的又有谁来做呢?"

注释:

①曾皙,孔门弟子,名点,字皙。曾参之父。

②毋,莫也。以,已也,用也。毋吾以也,莫我用也。

③杨伯峻说:"居,义与唐宋人口语'平居'同,平日、平常的意思。"知,了解。

④率读作遽,速也,仓促。尔,然也。率尔,皇侃本作"卒(猝、促)尔",义同。

⑤方六七十,如五六十:这是古代的土地面积计算方式。方,广也,指长度。如,容也,指宽度。

⑥会同,同会。端,玄端,古代礼服之名;章甫,礼帽之名。

⑦相,即儒。儒音从需,需、须、觑、相、兄,古音皆相近通,都是执礼的祭师。

⑧作,站起来。撰,诠也,说也。

⑨莫,同"暮"。

⑩沂,水名,出山东邹县东北,西流经曲阜东南尼山,与洙水合,入于泗水。即《左传》昭公二十五年"季平子请待于沂上"的"沂"。《水经·泗水注》:"沂水北对稷门……(稷门)亦曰雩门。《春秋左传》庄公十年,公子偃请击宋帅,窃从雩门蒙皋比而出者也。门南隔水,有雩坛,坛高三丈,曾点所欲风舞处也。"皇侃疏引王弼云:"沂水近孔子宅,舞雩坛在其上,坛有树木,游者讬焉也。"皇侃疏:"暮春,谓建辰夏之三月也。年有四时,时有三月,初月为孟,次者为仲,后者为季。季春是三月也……舞雩,请雨之坛处也……雩,吁也,民不得雨故吁嗟也。祭而巫舞,故谓为舞雩也。沂水之上有请雨之坛,坛上有树木,故入沂浴,出登坛,庇于树下逐风凉也。"咏,歌也。《公羊传》:"桓公五年,大雩。"注曰:"使童男女各八人,舞而呼雩。"《论衡·明雩》:"鲁设雩祭于沂水之上。暮者,晚也。春,谓四月也……冠者,童子,雩祭乐人也。浴乎沂,涉沂水也。象龙之从水中出也。风乎舞雩,风,歌也。咏而馈,咏,歌;馈,祭也。歌咏而祭也……周之四月,正岁二月也……《左传》曰:'启蛰而雩。'又曰:'龙见而雩。'启蛰、龙见皆二月也。春二月雩,秋八月亦雩。春祈谷雨,秋祈谷实。当今灵星,秋之雩也。"《论语发微》:"其以雩在正岁二月则非。苍龙昏见东方,在正岁四月,始举雩祭。故《左传》'龙见而雩',杜注以为建巳……《论语》暮春,春尽为暮,已将四月。"刘宝楠正义:"《春秋繁露·求雨》言'春雩之制,祝服苍衣,小童八人,服青衣而舞之'是也。由《繁露》文观之,此冠者疑即祝类,童子即雩舞

童子也。"《四书稗疏》:"朱子谓韩愈、李翱疑裸身出浴之非礼,而不知汉上巳袚除官民洁于东流之制。"

沈涛《十经斋文集》:"《晋书·束皙传》言周公卜成洛邑,因流水以泛酒。秦昭王三月上巳置酒河曲。出吴均《续齐谐记》,不足为据。《宋书·礼志》《续汉志补注》引《韩诗》曰:'郑国之俗,三月上巳,之溱、洧两水之上,招魂续魄,秉兰草袚除不祥。'……《周礼·女巫》'掌岁时袚除衅浴',注'岁时袚除,如今三月上巳如水上之类'……《后汉书·礼仪志》:'是月上巳,官民皆洁于东流水上,曰洗濯袚除,去宿垢为大洁。'"

郑本"归"作"馈",馈,祭也。《说文》:"馈,饷也。"饷、享通。《文选》李善注引《苍颉》:"馈,祭名也。"《论衡·明雩》引"咏而归",释云:"咏,歌;馈,祭也。歌咏而祭也。"

⑪与,悦也,喜欢,赞赏。

⑫唯,读如疑,设问语,相当于今语之"可能"。

颜渊篇第十二

12.1　颜渊问仁。

子曰:"克己复礼为仁①。一日克己复礼,天下归仁焉②。为仁由己,而由人乎哉?"

颜渊曰:"请问其目③。"

子曰:"非礼勿视,非礼勿听,非礼勿言,非礼勿动。"

颜渊曰:"回虽不敏,请事斯语矣。"

译文:

颜渊问如何为仁。

孔子说:"克制自己、恢复礼制就是仁善。一旦做到,天下人都会趋向于仁善。实现仁德要靠自己,难道能靠别人吗?"

颜渊说:"请问实现仁德的具体做法。"

孔子说:"不符合礼制的,不看;不符合礼制的,不听;不符合礼制的,不说;不符合礼制的,不做。"

颜渊说:"虽然我并不聪明,但请让我这样去做!"

注释:

①克己复礼,《左传》昭公十二年说:"仲尼曰:'古也有志:克己复礼,仁也。'"孔子所说的"礼",并不是一种礼仪(形式),也不是古老的"周礼"(周公之礼),而是重建现实中的制度化的礼制。

②归仁,回归于仁善。

③目,条目。

12.2　仲弓问仁。

子曰:"出门如见大宾,使民如承大祭。己所不欲,勿施于人。在邦无怨,在家无怨①。"

仲弓曰:"雍虽不敏,请事斯语矣。"

译文

仲弓问如何为仁。

孔子说:"出门要如同去会见贵宾,使用百姓要如同主持重要的祭典。自己不愿遭受的事,绝不强加给别人。为国做事不要抱怨,在家中也不要抱怨。"

仲弓说:"我虽然不聪明,请让我这样去做!"

注释

①刘宝楠《论语正义》:"在邦谓仕于诸侯之邦,在家谓仕于卿大夫家也。"邦,国也。

12.3　司马牛问仁①。

子曰:"仁者,其言也讱。"

曰:"其言也讱,斯谓之仁已乎?"

子曰:"为之难,言之得无讱乎?"

译文

司马牛问如何为仁。

孔子说:"仁善者,讲话迟缓。"

问:"讲话迟缓,这就算是仁善吗?"

孔子说:"做事很难,讲话能不作深思吗?"

注释

①《史记·仲尼弟子列传》云:"司马耕字子牛。牛多言而躁,问仁于孔子,孔子曰:'仁者,其言也讱。'"

12.4　司马牛问君子。

子曰:"君子不忧不惧。"

曰:"不忧不惧,斯谓之君子已乎?"

子曰:"内省不疚,夫何忧何惧?"

译文:

司马牛问如何为君子。

孔子说:"君子不忧虑、不畏惧。"

问:"不忧虑、不畏惧,这就是君子吗?"

孔子说:"只要内省自己能无所愧疚,还有什么可忧虑、畏惧的呢?"

12.5　司马牛忧曰:"人皆有兄弟,我独亡①。"

子夏曰:"商闻之矣:'死生有命,富贵在天。'君子敬而无失,与人恭而有礼,四海之内皆兄弟也。君子何患乎无兄弟也?"

译文:

司马牛忧愁地说:"别人都有兄弟,唯独我没有。"

子夏说:"我听说这么一句话:'死生各有命运,富贵由天决定。'君子严肃而不犯过失,待人恭敬而有礼,那么四海之内都是兄弟啊。君子何必忧愁没有兄弟呢?"

注释:

①人皆有兄弟,我独亡:司马牛是宋国桓魋之弟。桓魋谋反失败,他的几个兄弟也都跟着死了,故司马牛言之。

12.6　子张问明。

子曰:"浸润之谮①,肤受之愬②,不行焉,可谓明也已矣。浸润之谮,肤受之愬,不行焉,可谓远也已矣。"

译文:

子张问如何为明察。

孔子说:"像水那样浸润的逸言,像灰尘那样弥漫的诽谤,对你都不起作用,你就可以说是明察了。像水那样浸润的逸言,像灰尘那样弥漫的诽谤,对你都行不通,你就可说是有远见了。"

注释：

①谮（zèn），谗言。

②《昌黎文集·送齐皞下第序》孙汝听注："肤受尘垢，久之乃见。"愬，诉也，此指诽言。《汉书·五行志》及《儒林传》引文作"诉"。

12.7 子贡问政。

子曰："足食，足兵①，民信之矣。"

子贡曰："必不得已而去，于斯三者何先？"

曰："去兵。"

子贡曰："必不得已而去，于斯二者何先？"

曰："去食。自古皆有死，民无信不立。"

译文：

子贡问治国之道。

孔子说："使粮食充足，使军备充足，使人民信任政府。"

子贡问："必不得已要去掉一项，这三项中哪一项可以去掉？"

孔子说："去掉军备。"

子贡又问："必不得已再去掉一项，那么剩下的两项中可以去掉哪一项？"

孔子说："去掉粮食。自古以来人都有一死，但只要人民不信任政府，它就站立不住。"

注释：

①兵，武备。《日知录》："古之言兵，谓五兵也。"《世本》："蚩尤以金作兵，一弓、二殳、三矛、四戈、五戟。"

12.8 棘子成曰①："君子质而已矣，何以文为②？"

子贡曰："惜乎！夫子之说君子也③，驷不及舌④。文犹质也，质犹文也。虎豹之鞟犹犬羊之鞟⑤？"

译文：

棘子成说："君子只需有好的实质，何必要作文饰？"

子贡说:"自重啊!先生居然这样谈论君子,驷马之车跑得没有一条舌头快。文饰来自实质,实质决定文饰,虎豹的皮和犬羊的皮会一样吗?"

注释:

①棘子成,卫国大夫。《汉书·古今人表》作"革子成"。

②质,即德也。德古音"直",与质通。德者,性也。内在曰质,外观曰文。以,即要也。为,用也,古音通。

③夫子,先生也。古称长者为夫子。"惜乎夫子之说君子也",此句朱熹《集注》断作"惜乎!夫子之说,君子也",甚谬!

④驷,驷马之车。

⑤鞹,音 kuò。孔安国曰:"皮去毛曰鞹。虎豹与犬羊别者,正以毛文异耳。"《释文》引郑玄注:"鞹,革也。"

12.9　哀公问于有若曰:"年饥,用不足,如之何?"

有若对曰:"盍彻乎①?"

曰:"二,吾犹不足,如之何其彻也?"

对曰②:"百姓足,君孰与不足?百姓不足,君孰与足?"

译文:

鲁哀公问有若说:"年景不好,国用不足,怎么办?"

有若答:"为何不采用十分抽一的'彻'法征税呢?"

哀公说:"十分抽二,我都嫌不够,怎能用十分抽一的'彻'法呢?"

有若回答说:"让百姓丰足,那么君主又怎么会不富足呢?如果百姓不丰足,那么君主又怎么能富足呢?"

注释:

①郑玄注:"盍,何不也。周法,什一而税谓之彻。彻,通也,为天下之通法也。"彻,撤也,即抽也。抽成曰彻。周之田税,十抽一曰"彻"。汉以来旧注皆释"彻"为"通",谓不分公私田曰"通",不确。《四书稗疏》:"《集注》之言彻法,在《论语》则曰:'同沟共井之人,通力合作,计亩均收。'在《孟子》则以'都鄙用助,乡遂用贡',谓周之彻法如此。《集注》之自相抵牾,唯此最为可讶。"上古税法,初曰贡,又曰助,又曰彻。贡,贡奉也。助,力役也。"以《周礼》考之,《遂人》曰:'以兴锄

利民。'杜子春读'锄'为'助',谓'起人民令相佐助',是明各治其田,而时有早迟,力有赢缩,故令彼此易工以相佐助也……郑氏《考工记注》云:'以《载师职》及《司马法》论之,周制畿内之田用夏之贡法。以《诗》《春秋》《论语》《孟子》论之,周制邦国用殷之助法。'"《论语稽求篇》:"《左传》宣公十五年云:'穀出不过藉。'所云藉者,正是助法。杜预所谓'借民力以耕公田'。穀禄所出,不逾此数,故曰不过,此正《孟子》所云"助者藉也"之藉……《穀梁传》云:'古者什一,藉而不税。私田稼不善则非吏,公田稼不善则非民。'"

赵岐注《孟子》云:"民耕五十亩者,贡上五亩,曰贡。耕七十亩者,以七亩作,助公家之耕,曰助。耕百亩者彻,通十亩以为赋,曰彻。"崔述《三代经界考》:"公田、私田之名,唯助有之,彻未尝有也。如以为本助而今税亩,则有若不当对以盍彻,《孟子》不当云'周人百亩而彻'也。"

皇侃疏:"古者公田藉而不税。"郑玄曰:"藉之言借也。"借民力治公田,美恶取于此,不税民之所治也。《孟子》曰:"夏后氏五十而贡,殷人七十而助,周人百亩而彻。"

② 对,答也,一音之转。

12.10 子张问崇德辨惑。

子曰:"主忠信,徙义,崇德也。爱之欲其生,恶之欲其死。既欲其生,又欲其死,是惑也。'诚不以富,亦祗以异'。①"

译文:

子张问如何提高品德、澄清迷惑。

孔子说:"注重忠信,追随正义,就能提高品德。爱一个人,就希望他活着;厌恶他,就希望他死掉。既希望他活着,又希望他死掉,这样便是昏惑。《诗经》说:'肯定不会得到幸福,只因为见异思迁。'"

注释:

① "诚不以富,亦祗以异"引自《诗经·小雅·我行其野》。富,福也。程颐以为错简,谬!

12.11 齐景公问政于孔子。

孔子对曰:"君君,臣臣,父父,子子。"

公曰:"善哉!信如君不君,臣不臣,父不父,子不子,虽有粟①,吾得而食诸?"

译文:

齐景公问孔子如何为政。

孔子回答说:"国君要像国君,臣子要像臣子,父亲要像父亲,儿子要像儿子。"

齐景公说:"好啊!要是君不像君,臣不像臣,父不像父,子不像子,即使收获了粟米,还会有我的饭吃吗?"

注释:

①有,读为"大有年"之有,收获也。

12.12 子曰:"片言可以折狱者,其由也与①?"

子路无宿诺②。

译文:

孔子说:"根据单方面的陈述就处理案件的,只有仲由吧?"

子路承诺之事,从不隔夜。

注释:

①片言折狱,"片言"古人也叫作"单辞"。打官司应听取原告和被告两方面的陈词,叫作"两造"。此言子路性急而且片面。

②陆德明《经典释文》云:"或分此为别章。"

12.13 子曰:"听讼①,吾犹人也。必也使无讼乎!"

译文:

孔子说:"审理诉讼,我不过也同别人一样。但我最想做的是消灭诉讼!"

注释:

①听讼,孔子在鲁定公时曾为大司寇,司寇为治理刑事的官,孔子这话或许是刚任司寇时所说。

12.14　子张问政。

子曰："居之无倦，行之以忠。"

译文：

子张问如何执政。

孔子说："身居官位不懈怠，施政行事尽忠诚。"

12.15　子曰："博学于文，约之以礼，亦可以弗畔矣夫①！"

译文：

孔子说："广博学习文化，用礼仪约束言行，就可以不迷失。"

注释：

①此章亦见于《雍也篇》(6.27)。

12.16　子曰："君子成人之美，不成人之恶。小人反是。"

译文：

孔子说："君子助成他人之美善，不助成他人之邪恶。小人正与此相反。"

12.17　季康子问政于孔子。

孔子对曰："政者，正也。子帅以正，孰敢不正？"

译文：

季康子问孔子如何为政。

孔子回答说："'政'的意思就是'纠正'。您作为统帅如果站得正，谁还敢不站正？"

12.18　季康子患盗，问于孔子。

孔子对曰："苟子之不欲①，虽赏之不窃。"

译文：

季康子忧虑于盗贼多，问孔子。

孔子回答说："假如你能放弃贪欲，即使你奖励盗窃也不会再有盗窃。"

注释：

①不欲，丢弃多欲。

12.19　季康子问政于孔子曰①："如杀无道，以就有道，何如？"

孔子对曰："子为政，焉用杀？子欲善而民善矣。君子之德，风；小人之德，草。草上之风，必偃②。"

译文：

季康子请教孔子如何为政，说："杀掉所有不守法纪的坏人，以使人们走正道，怎么样？"

孔子回答说："您掌握着政权，哪用得着杀人？只要您真想要善，人民就会向善啊！统治者的德行是'风'，小民百姓的德行是'草'。风吹在草上，草必定随风而倒啊。"

注释：

①根据《春秋》以及《左传》，季孙斯（桓子）死于哀公三年秋七月，季孙肥（康子）袭位。则以上三章季康子之问当在鲁哀公三年七月以后。

②参《尚书·君陈》："尔惟风，下民惟草。"

12.20　子张问："士何如斯可谓之达矣？"

子曰："何哉，尔所谓达者？"

子张对曰："在邦必闻，在家必闻①。"

子曰："是闻也，非达也。夫达也者，质直而好义，察言而观色，虑以下人。在邦必达，在家必达。夫闻也者，色取仁而行违，居之不疑。在邦必闻，在家必闻。"

译文：

子张问："一个士人怎样做可以显达呢？"

孔子说："指什么呢，你所谓显达？"

子张回答说："在国家有名声，在家乡也有名声。"

孔子说："这叫出名而不叫显达。所谓显达，是品质正直追求正义，善于察言观色，谋事考虑下情，为国家服务通达，在家乡中也通达。只追求名声，表面仁善而行动上相违背，并且心安理得，为国服务会有（恶）名，在家乡也会有（恶）名。"

注释：

①邦，《史记·仲尼弟子列传》作"国"。邦、国通。春秋前之中国实际是一个以多城邦联盟而拥有共主的王朝。家，指家邑，卿大夫的采邑。

12.21 樊迟从游于舞雩之下，曰："敢问崇德，修慝，辨惑。"

子曰："善哉问！先事后得，非崇德与？攻其恶，无攻人之恶，非修慝与？一朝之忿，忘其身，以及其亲，非惑与？"

译文：

樊迟与孔子漫步于春台之下，问："请教怎样崇尚品德，除去邪念，辨别迷惑？"

孔子说："问得好！先要去追求，然后才能得到，这不就是崇尚品德吗？攻击自身之恶，而不要攻击别人之恶，不就除去邪念了吗？为一时愤恨，甚至不顾自己的性命，以致连累父母，这不就是昏惑吗？"

12.22 樊迟问仁。

子曰："爱人。"

问知。

子曰："知人。"

樊迟未达。

子曰："举直错诸枉①，能使枉者直。"

樊迟退，见子夏曰："乡也②，吾见于夫子而问知，子曰'举直错诸枉，能使枉者直'，何谓也？"

子夏曰："富哉言乎！舜有天下，选于众，举皋陶③，不仁者远矣④。汤有天下⑤，选于众，举伊尹⑥，不仁者远矣。"⑦

译文：

樊迟问关于仁。

孔子说:"要爱人。"

又问关于智。

孔子说:"能识别人。"

樊迟不理解。

孔子又说:"让正直的人纠正不正之人,使不正之人变成正直。"

樊迟退下来,见了子夏说:"刚才,我见先生问他什么是智慧,他说'让正直的人纠正不正之人,让不正之人变成正直',这是什么意思?"

子夏说:"这句话意义丰富啊!舜掌握天下,从人群中挑选,举拔了皋陶,于是那些不仁善者只好走远。汤掌握天下,在众人中挑选,举拔了伊尹,于是不仁善者只好走远了。"

注释:

①错,同"措"。枉,通"弯"。

②乡,去声,同"向"。

③皋陶,舜臣。《尚书·舜典》:"命皋陶曰:'汝作士。'"

④远,离开、遁逃之意。

⑤汤,卜辞作"唐",罗振玉云:"唐殆太乙之谥。"(《增订殷虚书契考释》)汤是商朝开国之君,名履(卜辞作"大乙",而无"履"字),伐夏桀而得天下。

⑥伊尹,汤的辅相。

⑦"举直"而"使枉者直",属于"仁";知道谁是直人而举也,属于"智",所以"举直错诸枉"是仁智之事,孔子屡言之(见2.19)。

中国上古之继承制度,西周行宗法制以前,唐虞夏商四代皆为选贤。商制兄终弟及,亦为立能(贤)不立嫡。宗法之本意则为世族,立嫡子以平息有继承权者的竞争。到春秋时,这一制度受到怀疑。由于宗子的繁衍,无继承权而又遭遇身份确认危机的贵族子弟大量滋生,游离于社会成为"游士",遂提出对世家宗法继承问题的质疑。此即世亲与举贤之争,立嫡与选举之争。孔子首先系统表述这一点,主张举德、立贤,因此他称引古代,称引尧舜之禅让,立德不立亲,立贤不立嫡,引古喻今。他主张"选于众"以取贤,以直错于枉,正是对世亲宗法的挑战。

这个问题的提出,成为战国时诸子论争的一大焦点。

《论语正义》:"《汉书·王吉传》:'舜汤不用三公九卿之世,而举皋陶、伊尹,不仁者远。'此不用三公九卿之世,即选于众也。皋、伊皆非出自世胄,故《论语发微》言'子夏知孔子之意,必尧舜禹汤之为君,而后能尽用人之道,以垂百世之法。故言选举之事曰'云云。《公羊》隐元年何休说:'当春秋时,废选举之务,置不肖于位,辄退绝之,以生过失。至于君臣忿争出奔,国家之所以昏乱,社稷之所以危亡,故皆录之。'隐三年何休说:'礼,公卿大夫士,皆选贤而用之。卿大夫任重职大,不当世,为其秉政久,恩德广大,小人居之,必夺君子威权。故尹氏世,立王子朝;齐崔氏世,弑其君光。君子疾其末则正其本,见讥于卒者,亦不可造次无故驱逐,必因其过卒绝之。明君案见劳授赏,则众誉不能进无功;案见恶行诛,则众谮不能退无罪。'此《春秋》讥世卿之义。盖卿大夫世,则举直错枉之法不行。有国者宜以不知人为患,故子夏述舜举皋陶,汤举伊尹,皆不以世而以贤,以明大法。"

12.23 子贡问友。
子曰:"忠告而善道①之,不可则止,毋自辱焉。"

译文

子贡问如何交友。

孔子说:"以忠诚相告作为引导,他不听劝告则止,不要自取其辱。"

注释

①告,旧读 gù。道,导也。

12.24 曾子曰:"君子以文会友,以友辅仁。"

译文

曾子说:"君子以学问交朋友,结交朋友来共同发扬仁善。"

子路篇第十三

13.1　子路问政。

子曰:"先之,劳之①。"

请益,曰:"无倦②。"

译文:

子路问如何从政。

孔子说:"自己要带头,然后激励大家一起去做。"

子路请再讲讲,孔子说:"不要半途而废。"

注释:

①先之,率先。劳,古音从力,励也,兼有激励、劳力之意。

②无倦,也就是"居之无倦"(见12.14),不要半途而废。

13.2　仲弓为季氏宰,问政。

子曰:"先有司①,赦小过,举贤才。"

曰:"焉知贤才而举之?"

子曰:"举尔所知。尔所不知,人其舍诸②?"

译文:

仲弓担任季氏家臣,问孔子如何从政。

孔子说:"选好管事的人,宽恕他们的小过错,选拔贤能的人。"

仲弓问:"怎么知道谁是贤能的人而去提拔呢?"

孔子说:"先举用你了解的人。至于你所不了解的贤人,他们就会自动来找你。"

注释:

①先,选也。有司,官属。

②尔,你也。"人其舍诸",即"人岂舍之乎"。其,岂也,难道。舍,舍弃。诸,之乎的合音。

13.3 子路曰:"卫君待子而为政①,子将奚先?"

子曰:"必也正名乎②!"

子路曰:"有是哉,子之迂也!奚其正?"

子曰:"野哉,由也!君子于其所不知,盖阙如也。名不正,则言不顺;言不顺,则事不成;事不成,则礼乐不兴;礼乐不兴,则刑罚不中;刑罚不中,则民无所错手足③。故君子名之必可言也,言之必可行也。君子于其言,无所苟而已矣。"

译文:

子路说:"卫国国君正召您去从政,您认为应先做什么事?"

孔子说:"必须先纠正名分!"

子路说:"是这样啊?您这是迂腐呀!有什么名分要纠正呢?"

孔子说:"你粗野啊,仲由!君子对于他所不懂的事,应当采取存疑的态度。名分不正,道理就讲不顺;道理不顺,事情就办不成;事情办不成,礼乐制度就建立不起来;礼乐制度建立不起来,运用刑罚就不会得当;刑罚不得当,百姓就不知道怎么办好。所以君子必须先确定名分再讲出道理,这样说出道理才必定行得通。君子对于自己的言论,是不能随便苟且的啊!"

注释:

①《史记·孔子世家》载:"是时,卫君辄父不得立,在外,诸侯数以为让。而孔子弟子多仕于卫,卫君欲得孔子为政。"子路曰"卫君待子而为政"指卫出公辄。"是时鲁哀公十年,孔子自楚返乎卫。"(《集注》)

②正名:从汉以来异说纷纭。皇侃疏引郑玄注云:"正名,谓正书字

也,古者曰名,今世曰字。"《左传》成公二年:"唯器(礼器)与名(名义、名分)不可以假人。"

《左传》桓公六年记:"公问名于申繻。对曰:'名有五:有信,有义,有象,有假,有类。以名生为信,以德命为义,以类命为象,取于物为假,取于父为类。不以国,不以官,不以山川,不以隐疾,不以畜牲,不以器币。周人以讳事神,名,终将讳之。故以国则废名,以官则废职,以山川则废主,以畜牲则废祀,以器币则废礼。"

《论语》中孔子有"觚不觚"之叹。觚而不像觚,有其名,无其实,就是名不正。孔子对齐景公之问,说"君君,臣臣,父父,子子",也是讲正名。

《韩诗外传》卷五:"孔子侍坐于季孙,季孙之宰通曰:'君使人假(借)马,其与之乎?'孔子曰:'吾闻君取于臣曰取,不曰假。'季孙悟,告宰通曰:'自今以往,君有取谓之取,无曰假。'故孔子正假马之言而君臣之义定矣。"

《群书治要》引《申子·大体》:"为人臣者,操契以责其名。名者,天地之网,圣人之符。张天地之网,用圣人之符,则万物之情,无所逃之矣。""名自正也,事自定也。是以有道者自名而正之,随事而定之也。""主处其大,臣处其细。以其名听之,以其名视之,以其名命之。"名,命也。授之曰"命",受之曰"名"。名即格,即等级,即秩序。等秩即差别,即分别,即名分。所谓"君君,臣臣,父父,子子"也。

③错,同"措",座也,安置也。

13.4 樊迟请学稼①。

子曰:"吾不如老农。"

请学为圃。

曰:"吾不如老圃②。"

樊迟出。

子曰:"小人哉③,樊须也!上好礼,则民莫敢不敬。上好义,则民莫敢不服。上好信,则民莫敢不用情。夫如是,则四方之民襁负其子而至矣④,焉用稼?"⑤

译文：

樊迟请教如何种庄稼。

孔子说："我不如老农。"

樊迟又请教如何种菜。

孔子说："我不如老菜农。"

樊迟退出去。

孔子说："小人啊，这个樊须！君主爱好礼，百姓就不敢不诚敬。君主爱好义，百姓就不敢不服从。君主爱好诚信，百姓就不敢不诚实。做到这些，四方百姓会背着孩子而来投奔，哪里用得着自己去种庄稼？"

注释：

①《四书剩言》："古学字即教字。"

②马融曰："树五谷为稼，树菜疏曰圃。"《周礼》："大宰九职：一曰三农，先九谷。二曰园圃，毓草木。"《论语发微》："稼圃者，井田之法。一夫百亩，所以为稼；五亩之宅，所以为圃。"

③《集注》："小人，谓细民。"

④襁，负儿衣也。《博物志》云："襁，织缕为之，广八寸，长尺二寸，以约小儿于背，负之而行。"

⑤历来有为樊迟鸣不平者。刘宝楠《论语正义》云："当春秋时，世卿持禄，废选举之务，贤者多不在位，无所得禄，故樊迟请夫子学稼学圃，盖讽夫子以隐也。《书·无逸》云：'知稼穑艰难，则知小人之依。'又云：'旧为小人。爰暨小人。'是小人即老农、老圃之称。《孟子·滕文公篇》'有大人之事，有小人之事'，与此同也。古者四民各有恒业，非可见异而迁。若士之为学，则由成己以及成物，'己欲立而立人，己欲达而达人'。但当志于大人之事，而行义达道，以礼义信自治其身，而民亦响化而至，安用此学稼圃之事，徒洁身而废义哉！"《四书改错》："况迟在圣门，夫子亲许其善问，即孟孙问孝，夫子藉迟导其意，而谓迟疑不及此，又谓迟不能问，历呼其名而谩骂之，又讥讪之，此何说乎？"

13.5 子曰："诵《诗》三百，授之以政，不达；使于四方，不能专对①。虽多，亦奚以为？"

译文：

孔子说:"能背诵《诗经》三百篇,交给他政事,却行不通;出使于外,又不能独立应对。即使会背诵再多,又有什么用?"

注释：

①不能专对:古代的使节只接受使命,至于如何去交涉应对则随机应变,所谓"受命不受辞"。

13.6 子曰:"其身正,不令而行;其身不正,虽令不从。"

译文：

孔子说:"如果自身端正,那么不用号令,百姓也会去做。如果自身不端正,那么即使发布号令,百姓也不会听从。"

13.7 子曰:"鲁、卫之政,兄弟也①。"

译文：

孔子说:"鲁国和卫国的政治,如同兄弟一样相似。"

注释：

①苏轼《论语解》:"是时鲁哀公七年、卫出公五年也。卫之政,父不父,子不子;鲁之政,君不君,臣不臣。卒之哀公孙邾而死于越,出公奔宋而亦死于越,其不相远如此。"包咸曰:"鲁,周公之封。卫,康叔之封。周公、康叔既为兄弟,康叔睦于周公,其国之政亦如兄弟。"皇侃疏引卫瓘云:"言治乱略同也。"

13.8 子谓卫公子荆①:"善居室②。始有,曰:'苟合矣③。'少有,曰:'苟完矣。'富有,曰:'苟美矣④。'"

译文：

孔子评论卫国公子荆:"他善于处事。他有了一点财产,便说:'够用了。'稍增一点,便又说:'够多了。'富有时,又说:'这太完美了。'"

注释：

①卫公子荆,卫国的公子,吴季札曾称他为卫国的君子,见《左传》

襄公二十九年。

②居室，旧解居家，谬。室，读为事。居，处也。

③俞樾《群经平议》："合，给也，足也。"

④《墨子·亲士》曰："非无安居也，我无安心也。非无足财也，我无足心也。"《韩诗外传》卷五曰："知足然后富从之。食物而不知止者，虽有天下不富矣。"皮日休《座右铭》曰："藿食念饥夫，其食即饱矣。粗衣思冻民，其衣即温矣。"《说苑》："智襄子为室，美士苗夕焉。智伯曰：'室美矣夫！'对曰：'美则美矣，抑臣亦有惧也。'智伯曰：'何惧？'对曰：'臣以秉笔事君。记有之曰：高山浚源，不生草木。松柏之地，其土不肥。今土木胜人，臣惧其不安人也。'室成三年而智氏亡。"

13.9　子适卫，冉有仆①。
子曰："庶矣哉②！"
冉有曰："既庶矣，又何加焉？"
曰："富之。"
曰："既富矣，又何加焉？"
曰："教之③。"

译文：

孔子去卫国，冉有驾车。
孔子说："人口真多啊！"
冉有问："人口已经多了，怎么办？"
孔子说："让他们富裕。"
冉有又问："富裕之后，该做什么？"
孔子说："教化他们。"

注释：

①仆，动词，驾驭车马，其人则谓之仆夫，《诗经·小雅·出车》"仆夫况瘁"可证。仆亦作名词，驾车者，《诗经·小雅·正月》"屡顾尔仆"是也。

②庶，诸也，训"多"。

③即"富而后教"。《孟子·梁惠王上》："乐岁终身苦，凶年不免于死

亡。此惟救死而恐不赡，奚暇治礼义哉?"《管子·治国》："凡治国之道，必先富民。"

13.10 子曰："苟有用我者，期月而已可也①，三年有成。"

译文：

孔子说："如果有人用我，一年可以做出榜样，三年应当大见成效。"

注释：

①期同"朞"，有些本子即作"朞"，音jī。期月，一年。

13.11 子曰："'善人为邦百年，亦可以胜残去杀矣。'①诚哉是言也！"

译文：

孔子说："'善人也要治国一百年才可以消除残暴和杀戮。'这话确实有道理啊！"

注释：

①孔安国疏："古有此言，孔子信之。"

13.12 子曰："如有王者，必世而后仁①。"

译文：

孔子说："即使有圣王出现，也必须要三十年才能实现仁善。"

注释：

①世，三十年为一世。世，字亦作卅，一代人为一世。宋辑本郑玄注："周自太王、王季、文王、武王，贤圣相承四世。"

13.13 子曰："苟正其身矣，于从政乎何有①? 不能正其身，如正人何？"

译文：

孔子说："如果能端正自己，从政还有什么困难呢？要是不能端正自身，又怎么能端正别人？"

注释：

①有，难。

13.14　冉子退朝，子曰："何晏也①？"

对曰："有政。"

子曰："其事也？如有政，虽不吾以，吾其与闻之②。"

译义：

冉有退朝，孔子问："怎么这么晚？"

冉有答："有政事。"

孔子说："什么事呀？如果有大事，虽然我已不参与，我还是想知道。"

注释：

①晏，延也，迟。

②与，参与之意。《左传》哀公十一年，季氏以用田赋的事征求孔子意见，并且说："子为国老，待子而行。"

13.15　定公问："一言而可以兴邦，有诸①？"

孔子对曰："言不可以若是，其几也。人之言曰：'为君难，为臣不易。'如知为君之难也，不几乎一言而兴邦乎？"

曰："一言而丧邦，有诸？"

孔子对曰："言不可以若是，其几也。人之言曰：'予无乐乎为君，唯其言而莫予违也②。'如其善而莫之违也，不亦善乎？如不善而莫之违也，不几乎一言而丧邦乎③？"

译文：

鲁定公问："只用一句话就可以使国家兴盛，有这话吗？"

孔子说："恐怕没有这么有用的话，但近似的话也许有。有人说：'做君主难，做臣子也不容易。'如果懂得做君主难，这不就接近于一句话能使国家兴盛吗？"

问："只用一句话就能使国家衰亡，有这话吗？"

孔子说:"语言恐怕没有这么大力量,但近似的话也许有。有人说:'我做国君并没有乐趣,唯一的快乐就是没有人敢违抗我的话。'如果他的话很正确而没有人违抗,不还是好事吗?如果不正确却没有人敢违抗,不就接近于一句话就会使国家丧亡吗?"

注释:

①诸,之乎的合音。

②《韩非子·难一》:"晋平公与群臣饮,饮酣,乃喟然叹曰:'莫乐为人君!惟其言而莫之违。'师旷侍坐于前,援琴撞之……曰:'哑!是非君人者之言也。'"

③苻坚欲伐晋,举朝皆谏,慕容垂曰:"陛下神武,断自圣心足矣,何必问外人。"唐高宗欲立武曌,许敬宗曰:"田舍翁多收数十斛麦,便欲易妇,况万乘乎。"皆片言而覆其邦家。

《吴语》:"申胥谓吴王曰:'夫不谇,乃违也。夫不违,亡之阶也。'"

13.16 叶公问政。

子曰:"近者说①,远者来。"

译文:

叶公问如何执政。

孔子说:"使国内的人高兴,使国外的人来投奔。"

注释:

①说,悦,乐也。

13.17 子夏为莒父宰,问政①。

子曰:"无欲速,无见小利。欲速,则不达;见小利,则大事不成。"

译文:

子夏担任莒父城的长官,问如何执政。

孔子说:"不要急,不要只看小利。太急就达不到目的;只看小利,就难成大事。"

注释:

①此则当为孔子归鲁后之事。莒父,鲁邑。《山东通志》云:"莒始封在莱州府高密县东南,乃莒子之都,而子夏所宰之莒父也。"

13.18 叶公语孔子曰:"吾党有直躬者,其父攘羊,而子证之①。"

孔子曰:"吾党之直者异于是。父为子隐,子为父隐,直在其中矣②。"

译文:

叶公对孔子说:"我乡里有个直性人,他的父亲偷了一只羊,这个做儿子的就去告发。"

孔子说:"我们乡里的直性人就不会这样。父亲会为儿子隐瞒,儿子会为父亲隐瞒,而质朴正是体现于此啊!"

注释:

①《说文》云:"证,告也。"《韩非子·五蠹》述此事作"谒之吏",《吕氏春秋·当务》述此事作"谒之上",都可以说明正是此人去告发他父亲。"证明"的"证",古书一般用"徵(征)"字为之。

②直,谐音于质。质,直也,朴实。

13.19 樊迟问仁。

子曰:"居处恭,执事敬,与人忠。虽之夷狄①,不可弃也。"

译文:

樊迟问关于仁。

孔子说:"在家恭敬,办事严肃,待人忠诚。即使到了夷狄之地,这些品质也不能丢弃。"

注释:

①之,去也,动词。

13.20 子贡问曰:"何如斯可谓之士矣?"

子曰:"行己有耻①,使于四方,不辱其命,可谓士矣。"

曰："敢问其次②。"

曰："宗族称孝焉，乡党称弟焉。"

曰："敢问其次。"

曰："言必信，行必果。硁硁然③，小人哉！抑亦可以为次矣。"

曰："今之从政者何如？"

子曰："噫！斗筲之人④，何足算也？"

译文：

子贡问道："怎样做才配称作士？"

孔子说："做人有羞耻心，出使各国而不辱使命，这才配称作士。"

子贡问："请问次一等的。"

孔子说："宗族人称赞他孝顺，同乡人称赞他敬重兄长。"

说："请问再次一等的。"

孔子说："讲话一定兑现，做事必有成果。如果又拗又犟，则是小人了，那就又是再下一等了。"

子贡问："那么现在那些从政的人怎么样呢？"

孔子说："嗨！器量像竹筒子那样小，哪值得一提啊？"

注释：

①耻，止也。闻言而止，曰知耻。

②敢，敬。

③信与忠、义并列，即忠信及信义，乃是儒家所尊崇之美德。孔子与鲁定公论学。《大戴礼记·小辨》："公曰：'然则吾何学而可？'子曰：'行礼乐而力忠信，君其习可乎？'"《礼记·仲尼燕居》："言而履之，礼也。行而乐之，乐也。君子力此二者。""言而履之"，即信，即"行必果"。硁硁，唐抄本异文作"悻悻"，怨望也。硁硁，或读如犟犟。

④斗是古代量器名。筲音shāo，古代的饭筐，能容五升。斗筲之人，谓见识狭小，只能及眼前一筐饭而已。

13.21 子曰："不得中行而与之①，必也狂狷乎②！狂者进取，狷者有所不为也③。"

译文：

孔子说："如果不能选择取中之道，那就只有用狂者和狷者了。狂者只求进取，狷者有所不为啊。"

注释：

①包咸曰："中行，行能得其中者。"

②狂，急也。狷，洁也。洁身自好者称"狷"，又作"介"。段玉裁读为"节"，谓有节者，小遇。

③《孟子·尽心下》："孟子曰：'孔子不得中道而与之，必也狂狷乎！狂者进取，狷者有所不为也。孔子岂不欲中道哉？不可必得，故思其次也。''敢问何如斯可谓狂矣？'曰：'如琴张、曾晳、牧皮者，孔子之所谓狂矣。''何以谓之狂也？'曰：'其志嘐嘐然，曰：古之人！古之人！夷考其行而不掩焉者也。狂者又不可得，欲得不屑不洁之士而与之，是狷也，是又其次也。'"赵岐注："中道，中正之大道也。"

13.22　子曰："南人有言曰：'人而无恒，不可以作巫医①。'善夫！"

"不恒其德②，或承之羞。"子曰："不占而已矣。"

译文：

孔子说："南方人有句话说：'人如果没有恒心，就不可以当医士。'说得好啊！"

《易经》上说："不能长久保持操守，就难免遭受羞辱。"孔子说："不必占卜也是这种结果。"

注释：

①医，读为殹，卜士。古代之"巫医"是一词。《汉书·晁错传》："为置医巫，以救疾病，以修祭祀。"古代常以禳祷之术为人祛病，这种人便叫"巫医"。

②不恒其德：不能持久，没有一定的操守。

13.23　子曰："君子和而不同，小人同而不和①。"

译文：

孔子说:"君子只求和谐但不尽相同,小人表面相同却不和谐。"

注释：

①和,多元的统一与协调。同,外表的整齐划一。"和"如五味的调和、八音的和谐,一定要有水、火、酱、醋各种不同的材料才能调和滋味,一定要有高下、长短、疾徐各种不同的声调才能使乐曲和谐。《左传》昭公二十年记晏子言:"君臣亦然。君所谓可,而有否焉,臣献其否以成其可;君所谓否,而有可焉,臣献其可以去其否。"《国语·郑语》记史伯言:"以他平他谓之和。"关于"同",晏子说:"君所谓可,据亦曰可;君所谓否,据亦曰否;若以水济水,谁能食之?若琴瑟之专一,谁能听之?'同'之不可也如是。"

13.24　子贡问曰:"乡人皆好之,何如?"

子曰:"未可也。"

"乡人皆恶之,何如?"

子曰:"未可也。不如乡人之善者好之,其不善者恶之。"

译文：

子贡问道:"全乡人都说他好,这人怎样?"

孔子说:"未必好。"

子贡又问:"全乡的人都说他坏,这人怎样?"

孔子说:"也未必坏。倒不如全乡的好人都说他好,全乡的坏人都说他坏。"

13.25　子曰:"君子易事而难说也①。说之不以道,不说也。及其使人也,器之。小人难事而易说也。说之虽不以道,说也。及其使人也,求备焉。"

译文：

孔子说:"给君子办事容易,但使他满意则难。取悦他不用正当的方法,他不会高兴;当他用人时,他量才设器。给小人做事难,但却容易博得他喜欢。取悦他可以用不正当的方法，他也会高兴；当他任用人时，他求全责备。"

注释：

①《说苑·杂言》说："曾子曰：'……夫子见人之一善，而忘其百非，是夫子之易事也。'"

13.26　子曰："君子泰而不骄①，小人骄而不泰②。"

译文：

孔子说："君子安适而不骄傲，小人骄傲而不安适。"

注释：

①泰，安适。

②皇侃疏云："君子坦荡荡，心貌怡平，是泰而不为骄慢也；小人性好轻凌，而心恒戚戚，是骄而不泰也。"

13.27　子曰："刚、毅①、木、讷，近仁。"

译文：

孔子说："刚强、坚毅、朴实、慎言，这些品行都接近仁德。"

注释：

①刚是坚强之名。韦昭《国语注》："刚，强也。"《公冶长篇》郑玄注："刚，谓强志不屈挠。"《说文》："刚，强断也。"《左传》宣公二年"杀敌为果，致果为毅"，《国语·楚语下》"毅而不勇"，毅是果断之谓。韦昭《国语注》："毅，果也。"《说文》："毅，妄怒也。一曰有决也。"《泰伯篇》包咸注："毅，强而能决断也。"

13.28　子路问曰："何如斯可谓之士矣？"

子曰："切切偲偲①，怡怡如也②，可谓士矣。朋友切切偲偲，兄弟怡怡。"

译文：

子路问道："怎样才可以称作士？"

孔子说:"相互切磋,和睦快乐,可以称作士了。朋友之间要相互切磋,兄弟之间要和睦而快乐。"

注释:

①偲音 sī。

②怡怡,和顺。

13.29 子曰:"善人教民七年①,亦可以即戎矣②。"

译文:

孔子说:"让仁善者教化人民七年,就可以让他们打仗了。"

注释:

①马王堆出土汉帛书《黄帝四经》对七年而战有一释文:"一年从其俗,二年用其德,三年而民有得,四年而发号令,五年而以刑正,六年而民畏敬,七年而可以正(征)……则胜强敌。"

②即,即位,就也。戎,兵戎。

13.30 子曰:"以不教民战①,是谓弃之②。"

译文:

孔子说:"让未经训练的人民去作战,这是在抛弃他们。"

注释:

①不教民,即"不习(战)之民",不会作战的民众。

②马融曰:"言用不习之民使之攻战,必破败,是谓弃之。"皇侃疏引江熙云:"驰驱不习之民战,以肉喂虎,徒弃而已也。"朱熹曰:"以,用也。言用不教之民以战,必有败亡之祸,是弃其民也。"

宪问篇第十四

14.1　宪问耻。

子曰："邦有道，谷。邦无道，谷，耻也①。"

"克、伐、怨、欲②，不行焉，可以为仁矣？"

子曰："可以为难矣，仁则吾不知也。"

译文：

原宪问何为耻辱。

孔子说："在国家有道时，享用俸禄。在国家无道时，也安然享用俸禄，这就是耻辱。"

原宪又问："好胜、自夸、怨嫉、贪欲，没有这些毛病，可以算仁善吗？"

孔子说："可以说是难得了，至于是否仁善我还不知道。"

注释：

①谷，读为禄。孔安国曰："谷，禄也。"

②克，竞也，争胜曰克。伐，自伐，夸功。怨，怨嫉。欲，欲望。

14.2　子曰："士而怀居①，不足以为士矣②。"

译文：

孔子说："士人如果眷恋于家居，就不配称作士。"

注释：

①怀，怀思，留恋；居，安居。《左传》僖公二十三年记晋文公流亡

故事，说他在齐国安居下来，有妻妾，有家财，便不肯再行动了。他的妻子姜氏对他说："行也！怀与安，实败名。"

②《四书反身录》："士若在身心上打点，世道上留心，自不屑区区耽怀于居处。一有系恋，则心为所累，害道匪浅。居天下之广，居则随遇而安，必不萦念于居处，以至饮食衣服之类。"

14.3　子曰："邦有道，危言危行①。邦无道，危行言孙②。"

译文：

孔子说："国家有道时，说话要正直，行为也要正直。当国家无道时，行为仍要正直，讲话却要小心。"

注释：

①《广雅·释诂》："危，正也。"危言，正言。危行，正行。
②孙，通逊，谦退。

14.4　子曰："有德者必有言，有言者不必有德。仁者必有勇，勇者不必有仁。"

译文：

孔子说："有善德者必有善言，有善言者未必有善德。仁善者必有勇气，但有勇气者却未必仁善。"

14.5　南宫适问于孔子曰①："羿善射②，奡（浇）荡舟③，俱不得其死然。禹稷躬稼而有天下。"夫子不答。

南宫适出。

子曰："君子哉，若人！尚德哉，若人④！"

译文：

南宫适对孔子说："羿善于射箭，奡善于水战，但两人都不得好死。禹和稷亲自耕种却得到了天下。"孔子不答话。

南宫适退出。

孔子说："是君子啊，这个人！他崇尚德义啊，这个人！"

注释：

①适读为括。《史记·仲尼弟子列传》作南宫括。或疑即孟僖子之仲子南宫敬叔。或说乃孔门弟子南容。

②羿，古之善射者。羿，音 yì。在古代传说中有三个羿，都是射箭能手：一为帝喾（kù）的射师，见于《说文》；二为唐尧时人，传说当时十个太阳同时出现，羿射落了九个，见《淮南子·本经训》；三为夏代有穷国的君主，事见《左传》襄公四年。这里所指的和《孟子·离娄下》所载的"逄蒙学射于羿"的羿，据说都是夏代的羿。可知羿为工射之族，世代联名。

③奡（ào），也是古代传说中的人物，寒浞（zhuó）的儿子，字又作"浇"。顾炎武《日知录》云："古人以左右冲杀为荡。陈其锐卒，谓之跳荡；别帅谓之荡主。荡舟盖兼此义。"可参。有，取也，取得。

④君子：南宫适以古代的事来问孔子，中心思想是当今尚力不尚德，但按之历史，尚力者不得善终，尚德者终有天下。因之孔子称赞他。

14.6 子曰："君子而不仁者有矣夫，未有小人而仁者也。"

译文：

孔子说："君子也可能有不仁善之处，但小人是绝不会有仁善的。"

14.7 子曰："爱之，能勿劳乎①？忠焉，能勿诲乎②？"

译文：

孔子说："爱他，能不勉励他吗？关注他，能不教诲他吗？"

注释：

①劳，读为力，励也，勉励。

②忠，关注。中心，置于心中。《国语·鲁语下》："夫民劳则思，思则善心生。逸则淫，淫则忘善，忘善则恶心生。"

14.8 子曰："为命，裨谌草创之①，世叔讨论之②，行人子羽修饰之③，东里子产润色之④。"

译文：

孔子说："郑国制定一个诏命，先由裨谌起草之，再由世叔论议之，然后由外交官子羽修饰之，最后由子产润色之。"

注释：

①裨谌（bì chén），郑国大夫。

②世叔，即《左传》的子太叔（太和世两字通义），名游吉。

③行人，礼仪官名。子羽，郑大夫公孙挥的字。

④东里，地名，子产故里，今郑州市。子产，郑之贤相（见5.16）。《左传》襄公三十一年云："郑国将有诸侯之事，子产乃问四国之为于子羽，且使多为辞令，与裨谌乘以适野，使谋可否，而告冯简子使断之。事成，乃授子太叔使行之，以应对宾客，是以鲜有败事。"《国语·周语·召公谏厉王弭谤》云："故天子听政，使公卿至于列士献诗，瞽献曲，史献书，师箴，瞍赋，矇诵，百工谏，庶人传语，近臣尽规，亲戚补察，瞽史教诲，耆艾修之，而后王斟酌焉，是以事行而不悖。"

14.9　或问子产，子曰："惠人也①。"

问子西②，曰："彼哉③！彼哉！"

问管仲，曰："人也。夺伯氏骈邑三百④，饭疏食，没齿无怨言。"

译文：

有人问起子产，孔子说："这是好人呀。"

又问起子西，孔子说："很糟啊，很糟啊！"

又问起管仲，孔子说："是男子汉。他剥夺了伯氏在骈城的300户封邑，使伯氏只得吃粗粮，但却至死也没有怨言。"

注释：

①惠，德也。

②子西，郑子西，公孙夏，子产同宗弟。彼，鄙也。杨伯峻说："春秋时有三个子西，一是郑国的公孙夏，生当鲁襄公之世，为子产的同宗兄弟，子产便是继他而主持郑国政治的。二是楚国的斗宜申，生当鲁僖公、文公之世。三是楚国的公子申，和孔子同时。斗宜申去孔子太远，公子申

又太近,这人所问的当是公孙夏。"此则当为孔子在楚时,时子西执楚政。

③彼哉,彼读为鄙,劣也。《公羊传》定公八年记阳虎谋杀季孙的事,说阳虎谋杀未成,在郊外休息,忽然望见公敛处父领着追兵而来,便道:"彼哉!彼哉!"毛奇龄《论语稽求篇》因云:"此必古成语,而夫子引以作答者。"这是当时表示轻视的习惯语,即今语"糟呀,糟呀"。

④伯氏,齐国的大夫,皇侃疏云:"伯氏名偃。"骈邑,地名。阮元曾得伯爵彝,乾隆五十六年出土于山东临朐且柳山寨。他在《积古斋钟鼎彝器款识》里说,柳山寨有古城的城基,即春秋的骈邑。用《水经·巨洋水注》证之,可信。

14.10 子曰:"贫而无怨,难;富而无骄,易。"

译文:

孔子说:"贫困但不抱怨,很难;富有而不骄傲,容易。"

14.11 子曰:"孟公绰为赵、魏老①,则优,不可以为滕、薛大夫②。"

译文:

孔子说:"让孟公绰去做赵氏、魏氏的家臣,会很优秀,却不能胜任做滕国、薛国的大夫。"

注释:

①孟公绰,鲁三桓孟氏之后,以贤闻名。孔安国曰:"公绰性寡欲,赵魏贪贤,家老无职,故优。滕薛小国,大夫政烦,故不可为。"《左传》襄公二十五年有其事。《史记·仲尼弟子列传》说孟氏是孔子老师。老,长老;又大夫的家臣称老,也称室老。

②滕、薛均当时之小国,滕故城在今山东滕县西南15里,薛故城在今滕县西南44里。

14.12 子路问成人。

子曰:"若臧武仲之知①,公绰之不欲,卞庄子之勇②,冉求之艺,文之以礼乐,亦可以为成人矣。"

曰:"今之成人者何必然?见利思义,见危授命,久要不忘平生之言③,亦可以为成人矣。"

译文:

子路问怎样才能完善自我。

孔子说:"要有臧武仲那样的智慧、孟公绰那样的寡欲、卞庄子那样的勇敢、冉求那样的才艺,再加上礼乐修养,就可以称为完人了。"

他又说:"但做完人又何必非要如此?只要见到利益先考虑是否正义,面对危难敢于献出生命,即使久处贫困仍不忘记平生的诺言,也就可以算作完人了。"

注释:

①臧武仲,鲁大夫臧孙纥。他很聪明,流亡齐国时,预见齐庄公的被杀而设法辞去庄公给他的田地。事见《左传》襄公二十三年。

②卞庄子,鲁国的勇士,能单人搏虎。"齐人欲伐鲁,忌卞庄子,不敢过卞。"(《荀子·大略》)

③久要,"要"为"约"的借字。约,穷也。说详杨树达《积微居小学述林》。

14.13 子问公叔文子于公明贾曰①:"信乎,夫子不言,不笑,不取乎?"

公明贾对曰:"以告者过也。夫子时然后言,人不厌其言;乐然后笑,人不厌其笑;义然后取,人不厌其取。"

子曰:"其然?岂其然乎?"

译文:

孔子向公明贾探问公叔文子,说:"是这样吗?这位先生不说不笑,不谋私利?"

公明贾答道:"告诉你的人讲错了。应当说这位先生知道何时该发言,所以人们不会讨厌他讲话;他也知道何时该高兴,所以人们不会讨厌他快乐;他还知道什么是该取得的利益,所以别人不会讨厌他谋利。"

孔子说:"是这样吗?难道真会这样吗?"

注释:

①公叔文子,卫之大夫,卫献公之孙,名拔,谥文。公明贾,卫人。

14.14 子曰:"臧武仲以防①,求为后于鲁。②虽曰不要君,③吾不信也。"

译文:

孔子说:"臧武仲以让出防邑为条件,要求鲁君在防邑为臧氏嗣立继承人。虽然他说这并非要挟国君,但我不相信。"

注释:

①臧武仲得罪孟孙氏而出亡于邾,后归于防,向鲁君请命立嫡,愿献封地防邑。鲁君乃立其异母弟为其后。事见《左传》襄公二十三年。防,臧武仲的封邑,在今山东费县东北,当时为鲁齐邻界之边邑。

②为后,立后,立继承。

③要,要挟。《集注》:"要,有挟而求也。武仲得罪奔邾,自邾如防,使请立后而避邑,以示若不得请,则将据邑以叛,是要(挟)君也。"

14.15 子曰:"晋文公谲而不正,齐桓公正而不谲①。"

译文:

孔子说:"晋文公诡诈而不正直,齐桓公正直而不诡诈。"

注释:

①晋文公名重耳,齐桓公名小白,是春秋时五霸中最有名声的两个霸主。《说文》:"谲,权诈也。"《史记》有《滑稽列传》,滑稽今语义为幽默、调笑,其实本义亦即"诡谲""诡诈"之转语也。

14.16 子路曰:"桓公杀公子纠,召忽死之,管仲不死①。"曰:"未仁乎?"

子曰:"桓公九合诸侯②,不以兵车,管仲之力也。如其仁③,如其仁。"

译文：

子路说："齐桓公杀死了公子纠，召忽为此事而自杀，管仲却不愿自杀。"他又说："这不能算仁善吧？"

孔子说："齐桓公会合天下诸侯，不是凭借于武力，其中有管仲的助力。这正是他的仁善，这正是他的仁善。"

注释：

①公子纠，桓公小白之兄，与小白争夺君位，被杀。管仲与召忽原都为公子纠之家臣。公子纠死后，召忽自杀以殉，管仲被俘而后做了桓公的宰相。

②九合，即纠合、聚合。齐桓公纠合诸侯共计11次。九，纠也。

③"如犹乃也。"（《经传释词》）

14.17 子贡曰："管仲非仁者与？桓公杀公子纠，不能死，又相之。"

子曰："管仲相桓公，霸诸侯，一匡天下[1]，民到于今受其赐。微管仲[2]，吾其被发左衽矣[3]。岂若匹夫匹妇之为谅也[4]，自经于沟渎而莫之知也[5]？"

译文：

子贡说："管仲不能算是仁人吧？桓公杀死了公子纠，他不仅不殉主而死，反而还辅佐桓公。"

孔子说："管仲辅佐桓公，称霸诸侯，匡正天下，人们至今还享受着他带来的好处。如果不是有管仲，我们现在也许都要系着辫子、穿左开襟的衣服了！难道一定要像小民百姓男男女女那样守信，以致自杀吊死在山沟里而不被人所知吗？"

注释：

①马融曰："匡，正也。天子微弱，桓公帅诸侯以尊周室，一正天下也。微，无也。无管仲，则君不君，臣不臣，皆为夷狄也。"匡，救助也。

②微，通无，没有。

③被，有歧义。一曰披也，被发，披散头发，夷狄装束也。又或说即

"编发"。《论语足征记》:"《汉书·终军传》'解编发,削左衽',师古曰:'编读曰辫。'……《后汉书·西南夷传》竟作'辫发',《华阳国志·南中志》亦曰'编发左衽'。"华族衣领向右开。夷狄左开,谓之"左衽"。《尚书·毕命》:"四夷左衽。""编发左衽",即本此经之"被发左衽",是被发即编发,编发即辫发也。

④《汉书·叙传》颜师古注:"凡言匹夫匹妇,谓凡庶之人,一夫一妇,当相配匹。"匹夫,平常人也。《论语·子罕》:"匹夫不可夺志。"

⑤《集注》:"谅,小信也。经,缢也。莫之知,人不知也。"沟渎,即《孟子·梁惠王》所言"沟壑"。王夫之《四书稗疏》认为它是地名,就是《左传》的"句渎"。

14.18 公叔文子之臣大夫僎与文子同升诸公。

子闻之,曰:"可以为'文'矣。"

译文:

公叔文子的家臣僎与文子一同做了卫国的大夫。

孔子听说后,说:"所以他才可以谥作'文'啊。"

注释:

①此章义颇难明。毛奇龄《四书剩言》云:"臣大夫即家大夫也。"《后汉书·吴良传》李贤注说:"文子家臣名僎。"《礼记·檀弓》:"公叔文子谥为贞惠文子。"

14.19 子言卫灵公之无道也。

康子曰:"夫如是,奚而不丧①?"

孔子曰:"仲叔圉治宾客,祝鮀治宗庙,王孙贾治军旅②。夫如是,奚其丧?"

译文:

孔子谈论卫灵公的无道。

季康子说:"既是这样,为什么他没有亡国?"

孔子说:"他用仲叔圉招揽宾客,祝鮀主管宗庙祭祀,王孙贾统率军队。有这样一些能人，怎么会亡国呢？"

注释:

①俞樾《群经平议》云："奚而，犹奚为也。"奚，何也，古字通。
②仲叔圉（yǔ），就是孔文子。祝鮀、王孙贾，皆卫之大夫。

14.20　子曰："其言之不怍①，则为之也难②。"

译文:

孔子说："若大言不惭，则履行会很难。"

注释:

①马融曰："怍，惭也。"
②为，做也，履行。

14.21　陈成子弑简公①。
孔子沐浴而朝，告于哀公曰："陈恒弑其君，请讨之。"
公曰："告夫三子②。"
孔子曰："以吾从大夫之后③，不敢不告也。君曰'告夫三子'者！"
之三子告。不可。
孔子曰："以吾从大夫之后，不敢不告也。"

译文:

陈成子杀死了齐简公。
孔子斋戒沐浴后上朝，报告鲁哀公说："陈恒杀了他的国君，应该出兵讨伐他。"
哀公说："你去请示那三位大夫。"
孔子说："因为我过去也是大夫，所以不能不来报告，而君主却说'去请示那三位大夫'！"
孔子去告知三位大夫，但他们都不赞同。
孔子说："只因为我过去也是大夫，所以不能不来告诉你们呀。"

注释：

①陈成子，陈恒，齐国田氏。简公，齐简公，名壬。

②三子，三家，即三桓。时鲁政在季孙、孟孙、季氏三家。《左传》哀公十四年："陈恒弑其君，民之不与者半。以鲁之众加齐之半，可克也。"

③从，从列；后，末位。从大夫之后：意即自己也曾从列于诸大夫的末位。

14.22 　子路问事君。

子曰："勿欺也，而犯之①。"

译文：

子路问如何侍奉君主。

孔子说："不要欺骗他，但应该指出他的过错。"

注释：

①犯，犯言而谏。犯，违忤也。

此记载当于子路入卫前。

14.23 　子曰："君子上达，小人下达。"

译文：

孔子说："君子是向上走以求发达，小人是向下走以求发达。"

14.24 　子曰："古之学者为己，今之学者为人。"

译文：

孔子说："古人求学是为了自己长进，今人求学是为了给别人看。"

14.25 　蘧伯玉使人于孔子①。

孔子与之坐而问焉，曰："夫子何为？"

对曰："夫子欲寡其过，而未能也②。"

使者出。子曰："使乎③！使乎！"

译文：

蘧伯玉派使者来见孔子。

孔子请他坐,然后问道:"你们先生在做什么?"

使者回答说:"我们先生一直想尽量减少过失,但还不能如愿。"

使者走后,孔子说:"好使者,好使者!"

注释：

①蘧(qú)伯玉,卫大夫,名瑗。《吕氏春秋·恃君览》高注:"伯玉,卫大夫蘧庄子无咎之子瑗,谥曰成子。"《集注》:"蘧伯玉,卫大夫,名瑗。孔子居卫,尝主于其家。既而反鲁,故伯玉使人来也。"瑗以高寿著称。《论语稽求篇》:"伯玉见于《春秋》在襄十四年……乃后此九年而夫子始生,又六十余年,当定公十四年,夫子去鲁之后,再三适卫,始主伯玉家,则此时伯玉已百年余矣。蔡邕《释诲》云:'蘧瑗保生。'此长年之证。"

②《庄子·则阳》说:"蘧伯玉行年六十而六十化,未尝不始于是之,而卒诎之以非也;或未知今之所谓是之非五十九非也(六十之是或为五十九之非)。"《淮南子·原道》也说:"蘧伯玉年五十而知四十九年非。"

③《汉书·艺文志》:"子曰:'诵《诗》三百,使于四方,不能专对。'孔子曰:'使乎!使乎!'"皇侃疏:"孔子美使者之为美,故再言使乎者,言伯玉所使为得其人也。"王充则为此言为贬义。《论衡·问孔篇》:"孔子曰:'使乎!使乎!'非之也。说《论语》者曰:'非之者,非其代人谦也。'"不确。

14.26 子曰:"不在其位,不谋其政①。"

曾子曰:"君子思不出其位。"

译文：

孔子说:"不在那个职位上,就不谋议那个职位的政事。"

曾子说:"君子的思虑不应超越其位置。"

注释：

①此章又见于泰伯篇(8.14)。

14.27 子曰:"君子耻其言而过其行。"

译文:

孔子说:"君子认为语言超过行动是可耻的。"

14.28 子曰:"君子道者三,我无能焉:仁者不忧,知者不惑,勇者不惧。"

子贡曰:"夫子自道也。"

译文:

孔子说:"君子之道有三个方面,我都未能做到:仁者不忧虑,智者不迷惑,勇者不畏惧。"

子贡说:"这正是老师的自我写照啊!"

14.29 子贡方人①。

子曰:"赐也贤乎哉?夫我则不暇②。"

译文:

子贡爱责备别人。

孔子说:"阿赐呀,难道你自己就那么好吗?像我就没有你那种空闲。"

注释:

①方人,《经典释文》说郑玄注的《论语》作"谤人",又引郑注云"谓言人之过恶"。

②暇,闲也。

14.30 子曰:"不患人之不己知,患其不能也①。"

译文:

孔子说:"不担心别人不了解自己,应担心自己没有能力。"

注释:

①其,何晏本、皇侃本作"己"。

14.31 子曰:"不逆诈,不亿不信①。抑亦先觉者②,是贤乎!"

译文：

孔子说:"不用伪诈之骗术,不臆测别人不诚信。不过仍能预先察觉,那也是贤明啊!"

注释：

①逆诈,伪诈也。亿,通"臆",臆度。

②《集释》引谢显道说:"贤者于事能见之于微,谓之先觉,如履霜可以知坚冰也。"

14.32 微生亩谓孔子曰①:"丘何为是栖栖者与②?无乃为佞乎③?"

孔子曰:"非敢为佞也,疾固也④。"

译文：

微生亩对孔子说:"孔丘你为何这样急急奔忙啊?不过是想显示口才吧?"

孔子说:"我不敢卖弄口才,而是痛心于时弊啊!"

注释：

①微生亩,"微生"是姓,"亩"是名。《汉书·古今人表》作尾生毋,又作微生高,隐士。

②栖栖,即汲汲、急急。班固《答宾戏》:"是以圣哲之治,栖栖遑遑,孔席不暖,墨突不黔。"《后汉书·苏竟传》:"仲尼栖栖,墨子遑遑。"栖栖遑遑,即今语"急急慌慌"。

③佞,善辩。又,邪恶。《群经平议》:"微生亩见孔子修饰威仪,疑其以此求悦于人,故曰:'何为是栖栖者与?无乃为佞乎?'"《晏子春秋·外篇》载晏子之言曰:"今孔丘盛声乐以侈世,饰弦歌鼓舞以聚徒,繁登降之礼、趋翔之节以观众。"此即微生亩之意。

④固,痼也,弊病。旧注皆曰"固陋",至谬!

14.33 子曰:"骥,不称其力,称其德也①。"

译文：

孔子说:"对于千里马,不该称赞它的力气,而该称赞它的品质。"

注释:

①德,质也,品质。

14.34　或曰:"以德报怨,何如?"

子曰:"何以报德?以直报怨①,以德报德。"

译文:

有人问:"以恩德回报怨恨,怎么样?"

孔子说:"那么你如何来回报别人的恩德呢?应该用正直回报怨恨,用恩德回报恩德。"

注释:

①直,即"德",二字古通。《老子》第63章:"大小多少,报怨以德。"《说苑·权谋》引孔子曰:"圣人报怨以德。"

14.35　子曰:"莫我知也夫!"

子贡曰:"何为其莫知子也?"

子曰:"不怨天,不尤人①,下学而上达②。知我者其天乎!"

译文:

孔子说:"没有人了解我啊!"

子贡问:"为什么没有人了解您呢?"

孔子说:"我不抱怨天,也不责备人,身居下位而以学术影响君上。了解我的只有天啊!"

注释:

①尤,咎也,古字通,责咎。

②皇侃疏云:"下学,学人事;上达,达天命。我既学人事,人事有否有泰,故不尤人。上达天命,天命有穷有通,故我不怨天也。"

14.36　公伯寮愬子路于季孙①。子服景伯以告②,曰:"夫子固有惑志于公伯寮,吾力犹能肆诸市朝③。"

子曰:"道之将行也与,命也。道之将废也与,命也。公伯寮其如命何！"

译文：

公伯寮向季孙讲子路的坏话。子服景伯来告知孔子，说："（季）先生肯定已被公伯寮迷惑了，但我有力量能将他斩之于街市。"

孔子说："大道如果能实现，这是命运。若不能实现，这也是命运。公伯寮能改变这命运吗？"

注释：

①公伯寮，《史记·仲尼弟子列传》作"公伯僚"，云字子周，或云即申缭，为孔子弟子，季氏之家臣。季孙，季桓子，时为鲁国执政，子路为其家臣。

②愬，同"诉"，此指进谗言。子服景伯，鲁大夫子服何忌（依孔安国说）。孟献子第四世孙，亦为三桓贵族子弟。

③市朝，将罪人之尸示众于朝廷或市集。景伯是孟孙之族，《说文》："肆，极陈也。"《周官·乡士》云："协日刑杀，肆之三日。"又《周礼·掌戮》云："凡杀人者，踣于市，肆之三日。惟杀于甸师氏者不肆。"是周制杀人有陈尸三日之法。《礼记·檀弓》注："肆，陈尸也。大夫以上于朝，士于市。"《国语·鲁语》云："大刑用甲兵，其次用斧钺。中刑用刀锯，其次用钻笮。薄刑用鞭扑，以威民也。故大者陈之原野，小者致之市朝。五刑之次，是无隐也。"

14.37 子曰："贤者辟世，其次辟地，其次辟色①，其次辟言②。"
子曰："作者七人矣③。"

译文：

孔子说："贤人能避开乱世，其次就躲避于异地，再次则躲避死亡，再次则躲避灾殃。"

孔子又说："这样做的已有七个人了。"

注释：

①此言当作于去鲁前。辟，避也。色，读为死。

②言，愆，殃也。

③此句当为错简衍文。王弼强为之说曰:"七人,伯夷、叔齐、虞仲、夷逸、朱张、柳下惠、少连也。"郑玄则另举七人,皆附会也。

14.38　子路宿于石门①。

晨门曰②:"奚自?"

子路曰:"自孔氏③。"

曰:"是知其不可而为之者与?"

译文:

子路夜宿在石门。

早晨守门者问:"你从哪里来?"

子路说:"从孔子那里来。"

说:"他就是那个明知行不通还硬要去做的人吗?"

注释:

①石门,鲁曲阜城门。《吕氏春秋》:"宋有桐门,鲁有石门。"或言在齐。

②晨门,晨司门。《高士传》:"石门守者,鲁人也。仕鲁守石门,主晨夜开闭。"

③《四书辨证》:"《礼记·大传》:'六世亲属竭则别为庶姓。'陈氏《集说》曰:'姓为正姓,氏为庶姓。'然则谓夫子姓孔,因庶姓姓之也,而孔实为氏,故云孔氏。"

14.39　子击磬于卫。

有荷蒉而过孔氏之门者①,曰:"有心哉,击磬乎!"

既而曰:"鄙哉,硁硁乎②!莫己知也,斯己而已矣③。'深则厉,浅则揭④。'"

子曰:"果哉?末之难矣⑤!"

译文:

孔子在卫国敲磬。

有个挑筐人从孔子门前经过,说:"这是有心事啊,这样敲磬!"

一会儿又说："讨厌呵，这铿锵之声。没有人了解你，那就该反省自己啊。'水深，可以踩着砺石过去；水浅，可以提起衣襟蹚水过去！'"

孔子说："果然吗？他不知我的难处啊！"

注释：

①荷，筐也。《毛诗》："荷，任也。"《笺》："谓担负。"

②磬，乐器，以石为之。《乐记》"石声硁硁"，"磬也"，象声。

③斯，思也。

④"深则厉，浅则揭"，引自《诗经·邶风·匏有苦叶》。厉，砺石。《说文》作"砅"，"履石渡水也"，字又作"濿"。《论语古训》云："由膝以下为揭，由膝以上为涉，由带以下为濿。"揭，涉也。《尔雅》："揭者，揭衣也。"

⑤果，果然。末，无。之，读为知。

14.40　子张曰："《书》云：'高宗谅阴①，三年不言。'何谓也？"

子曰："何必高宗？古之人皆然。君薨，百官总己以听于冢宰②，三年。"

译文：

子张说："《尚书》说：'高宗瘖哑，三年不讲话。'这是什么意思？"

孔子说："何必说高宗？古人都是这样。国君死了，朝廷百官自管自事而一切听命于宰相，三年。"

注释：

①谅阴，瘖哑。谅，古音从京，读为靖，静也。阴，瘖也，哑也。高宗，商王武丁。《说文长笺》引《尚书》作"谅瘖"。《尚书·说命》作"亮阴"。

②总己，"谓总摄己职"。冢宰，即宗宰，即总宰。薨，诸侯死曰薨。《孟子·滕文公上》："孔子曰：'君薨，听于冢宰，歠粥，面深墨，即位而哭，百官有司莫敢不哀，先之也。'"

14.41　子曰："上好礼①，则民易使也②。"

译文：

孔子说："统治者遵守礼制，那么百姓就容易役使了。"

注释：

①好，尊重。

②此则言使民须守礼。所谓礼，是作为制度的礼，不是后人所理解的作为礼敬姿态的礼。

14.42 子路问君子。

子曰："修己以敬①。"

曰："如斯而已乎？"

曰："修己以安人。"

曰："如斯而已乎？"

曰："修己以安百姓。修己以安百姓，尧舜其犹病诸！"

译文：

子路问如何做君子。

孔子说："修身，持敬。"

子路说："这样就行了吗？"

孔子说："约束自己，以安定人民。"

子路说："这样就行了吗？"

孔子说："约束自己，就能使百姓安定。约束自己，以使百姓安定——尧、舜还担心做不到这一点呢！"

注释：

①修，削也，约束。己，自我，指统治者。

14.43 原壤夷俟①。

子曰："幼而不孙弟②，长而无述焉，老而不死，是为贼。"

以杖叩其胫③。

译文：

原壤放肆地（四仰八叉）仰坐着。

孔子说:"这家伙少小就不逊而且无德,长大了也没有好名声,到老了还不快死,真是个坏蛋!"

孔子用手杖敲击他的小腿。

注释:

①马融注:"原壤,鲁人,孔子故旧也。"《礼记·檀弓》记:原壤,孔子的朋友,放荡不羁。其母死,孔子帮助他治丧,他却站在棺材上唱起歌来。孔子只好装作没听见。夷俟,焦循谓"踞肆",夷,箕踞,蹲夷,放肆。

②孙弟,同"逊悌"。弟,通"悌"。逊,少也。不逊悌,即不逊,不悌。

③贼,骂语。胫,脚胫。

此则当在孔子放逐复归鲁时。鲁定公死,孔子归鲁,后复被逐。

14.44　阙党童子将命①。

或问之曰:"益者与?"

子曰:"吾见其居于位也,见其与先生并行也。非求益者也,欲速成者也。"

译文:

孔子乡里一个少年将命名。

有人问孔子:"这少年好吗?"

孔子说:"我看他安坐在大人之位上,又看他与长辈并列而行。这不是个求进益的人,而是一个急求速成的人。"

注释:

①马融注"将命"为"传宾主之语",解为"就命"或"持命",谬。命,命名也。命名礼即上古之成年礼。古代贵族少年15岁束发而有命字之礼。

顾炎武《日知录》:"《水经注》:'孔庙东南五百步有双石阙,故名阙里。'……《史记·鲁世家》'炀公筑茅阙门',盖阙门之下,其里即名阙里,夫子之宅在焉。亦谓之阙党(党,堂也)。"《荀子·儒效》记孔子"居于阙党",阙党为孔子居地名。

党,皇侃疏:"五百家为党。"

此则与上则当在同时。

卫灵公篇第十五

15.1　卫灵公问陈于孔子①。

孔子对曰:"俎豆之事②,则尝闻之矣;军旅之事,未之学也。"明日遂行③。

译文:

卫灵公问孔子如何打仗布阵。

孔子回答:"祭祀之事,我曾探求过;军旅的事,则还没有学过。"

第二天,孔子就离开了卫国。

注释:

①陈,阵也,军阵。

②俎豆之事,祭祀之礼。俎和豆都是古代盛肉食的器皿,祭祀所用。《一切经音义》引《字书》:"俎(zǔ),四足小盘也。"《说文》:"俎,礼俎也。从半肉在且上。且,荐也。从几,足有二横,一,其下地也。"《国语·周语》云:"郊禘有全烝,王公有房烝,亲戚燕飨有肴烝。"章太炎《检论》:"周时俎豆具食,汉始有案。《说文》:'豆,古食肉器也。'曰古者,明汉已不用之义。今日本盛食之盘即谓之俎,以木盖碗盛汤施于俎上以进食,犹古俎豆之遗制。我国惟三代时用之,汉以后改用食案。盖三代俱独食,共食之例自汉始也。"

③《左传》哀公十一年:"孔文子之将攻太叔也,访于仲尼。仲尼曰:胡簋之事,则尝学之矣;甲兵之事,未之闻也。"

15.2　在陈绝粮,从者病,莫能兴①。

子路愠见曰②:"君子亦有穷乎?"

子曰:"君子固穷。小人穷,斯滥矣③。"

译文:

孔子在陈国断了粮,跟随他的人都饿倒了,站不起来。

子路满怀怨气来见孔子说:"君子也会如此困窘吗?"

孔子说:"君子在困穷中仍会坚守节操。小人一旦遭受困穷,那就无所不为了。"

注释:

①兴,起也。从者,孔门弟子。

②愠(yùn),通"郁",郁闷也。

③何晏曰:"滥,溢也。君子固亦有穷时,但不如小人穷则滥溢为非。"

15.3　子曰:"赐也,女以予为多学而识之者与?"

对曰:"然,非与?"

曰:"非也,予一以贯之①。"

译文:

孔子说:"阿赐呀,你以为我只是学得多又善记吗?"

子贡回答说:"是啊,难道不是吗?"

孔子说:"不是呀!我用一个道理贯串着全部的学问。"

注释:

①贯,统贯。

15.4　子曰:"由,知德者鲜矣①!"

译文:

孔子说:"仲由呀,真正懂得仁德的人太少了呀!"

注释:

①鲜(xiǎn),希也,少也。

15.5　子曰:"无为而治者,其舜也与①?夫何为哉?恭己正南面而已矣②。"

译文:

孔子说:"无所作为而能致天下于太平的人,只有舜吧?但他做了什么呢?恭敬端正地面南而坐罢了。"

注释:

①道家主张"无为而治"。孔子此说似有所指。《管子·乘马》:"无为者帝,为而无以为者王,为而不贵曰伯。"《吕氏春秋·先己》:"昔者先圣王成其身而天下成,治其身而天下治,故善响者不于响于声,善影者不于影于形,为天下者不于天下于身。《诗》曰:'淑人君子,其仪不忒,正是四国。'言正诸身也。故反其道而身善矣,行义则人善矣,乐备君道而百官已治矣,万民已利矣。三者之成也,在于无为。无为之道曰胜天。"高诱注:"天无为而化,君能无为而治,民以为胜于天。"《汉书·董仲舒传》:"对策曰:'尧在位七十载,乃逊于位,以禅虞舜。尧崩,天下不归尧子丹朱而归舜。舜知不可辟,乃即天子之位。以禹为相,因尧之辅佐,继其统业,是以垂拱无为而天下治。'"

②《周易·系辞》:"黄帝尧舜垂衣裳而天下治。"

15.6　子张问行。

子曰:"言忠信,行笃敬,虽蛮貊之邦,行矣。言不忠信,行不笃敬,虽州里,行乎哉?立则见其参于前也,在舆则见其倚于衡也①,夫然后行。"

子张书诸绅②。

译文:

子张问怎样能处处行得通。

孔子说:"说话忠诚守信,做事厚道谨慎,即使到了野蛮落后之域也会畅通无阻。如果说话不忠诚守信,做事不厚道谨慎,即使在本乡本土,又怎能行得通?站立时要像这些道理就在面前,坐车时要像这些道理就刻在车辕横木上,这样就处处行得通。"

子张把这些话写在自己的衣带上。

注释：

①包咸注："立则常想见，参然在目前。"阮元《车制图考说》："衡与车广等，长六尺六寸。"包咸曰："衡，轭也。"

②绅，大带，系衣之带。

15.7 子曰："直哉，史鱼①！邦有道，如矢；邦无道，如矢。君子哉，蘧伯玉②！邦有道，则仕；邦无道，则可卷而怀之③。"

译文：

孔子说："正直啊，史鱼！国家有道时，他像箭一样正直；国家无道时，他也像箭一样正直。君子啊，蘧伯玉！国家有道时，就做官。国家无道时，就席卷收藏而去。"

注释：

①史鱼：卫国大夫，姓史，名鰌，字子鱼。《韩诗外传》卷七记载：史鱼曾多次劝谏卫灵公进用蘧伯玉、贬退弥子瑕，未被接受。史鱼因此感到没有尽职，临终前告诉儿子不要在正堂上为自己治丧。死后，儿子遵嘱治丧，卫灵公得知此事后便起用了蘧伯玉，贬黜了弥子瑕。史鱼生以身谏，死以尸谏，因此人们赞扬他正直。

②蘧伯玉，其事见《左传》襄公十四年和二十六年。黄式三《论语后案》："蘧伯玉值献、殇、襄、灵四君之世，吴公子札适卫，称卫多君子，事见《左传》，在襄公初立之时。《淮南子·泰族训》云：'蘧伯玉以其仁宁卫，而天下莫能危。'《说苑·奉使篇》言赵简子将袭卫，使史黯往视之。黯曰：'今蘧伯玉为相，史鰌佐焉，孔子为客，子贡使令于君前，甚听，其佐多贤矣。'简子按兵而不动。"

③之，去也，动词。

15.8 子曰："可与言而不与之言，失人；不可与言而与之言，失言。知者不失人，亦不失言。"

译文：

孔子说："可以交谈却不与他交谈，就是失人。不可交谈却与他交谈，就是失言。智者既不失人，又不失言。"

15.9 子曰："志士仁人，无求生以害仁，有杀身以成仁。"

译文：

孔子说："志士仁人，不会为了贪求生命而牺牲仁善，只会牺牲生命以实现仁善。"

15.10 子贡问为仁。

子曰："工欲善其事，必先利其器①。居是邦也，事其大夫之贤者，友其士之仁者②。"

译文：

子贡问怎样实现仁善。

孔子说："工匠要做好他的事情，必定先修利他的工具。居住在一个国家，要交往大夫中的贤者，结交士人中的仁者。"

注释：

①皇侃疏："工，巧师也。器，斧斤之属也。"善其事，刘开《论语补注》："《周礼》珠曰切，象（牙）曰磋，玉曰琢，石曰磨，木曰刻，金曰镂，革曰剥，羽曰析，而其用器互相为利。"

②士，周代城邦国家有政治身份之居民，相当于希腊城邦国家之公民。城邦中成年而有公民身份者称"士"。士者，什也；什者，什长之略语。士有从仕资格，战时任武士（军官），平时则为专业武士，不事农商，往往与君子合称士君子。

15.11 颜渊问为邦。

子曰："行夏之时①，乘殷之辂②，服周之冕③。乐则《韶》《舞》④。放郑声，远佞人。郑声淫，佞人殆⑤。"

译文：

颜渊问如何治国。

孔子说："实施夏人的历法，乘坐殷人的车子，冠戴周人的礼帽，音乐用《韶》和《武》。远离于郑国的歌声,疏远于奸佞小人。因为郑国的歌曲淫靡,奸佞小人邪恶!"

注释:

①时,指历法。古历有三正之说。正,政也。即今言历法也。上古以制订历法为大正,即"大政"。夏历,实际是十月历法。以周历之十一月冬至为正月,以夏至为七月,十二月称岁终,十三月(一月)称正岁。然后依次为二月、三月至十月为一年。即以冬至所在月为子月,其下顺次为丑月、寅月等。三代历法不同,在于各有不同的春正月。夏历亦有古夏历与新夏历之不同。孔子主用之夏历,乃改良之新夏历也。今人误解古之三正,以为周以子月为正月,殷以丑月为正月,夏以寅月为正月。此说始于宋儒之误解。其说殊谬,概无可据。孔子时代,正朔虽用周历,但民间则早用改良之夏历。孔子主张因俗变时,故言"行夏之时"。

②辂音lù。商车称"辂"。汉祭天用之,称"桑根车"。《左传》桓公二年:"大辂、越席,昭其俭也。"周制有五辂,玉、金、象、革、木,并多文饰,其中木辂最质朴。殷之辂也是木辂,孔子崇尚质朴,所以主张"乘殷之辂"。

③冕,指礼帽。周代礼帽较前代华贵精致,孔子追求美,赞美禹"致美乎黻冕"。

④《韶》,是舜时的音乐;《舞》,即《大武》,传说是周武王时的音乐。

⑤殆,歹也。《乐记》:"郑音好滥淫志,宋音燕女溺志,卫音趋数烦志,齐音敖辟乔志。此四者,皆淫于色而害于德,是以祭祀弗用也。"《五经异义》:"《鲁论》说,郑国之俗,有溱洧之水,男女聚会,讴歌相感,故云'郑声淫'。"《白虎通·礼乐》:"乐尚雅何?雅者,古正也,所以远郑声也。孔子曰'郑声淫'何?郑国土地民人山居谷汲,男女错杂,为郑声以相悦怿。"《四书稗疏》:"按郑之为国,在雍州之域,今汉中之南郊也。桓公谋迁于虢桧之墟而复蒙郑号,然则风气之淫者故郑乎?新郑乎?卫居沫上,滨河沃衍,有纣之遗风,是故桑间、濮上靡靡之音以作。"《丹铅总录》:"淫者,过也。水过于平曰淫水,雨过于节曰淫雨,声过于乐曰淫声,谓郑作乐之声淫,非谓郑诗皆淫也。"

15.12　子曰:"人无远虑,必有近忧。"

译文:

孔子说:"人没有长远考虑,必会有眼前的忧患。"

15.13　子曰:"已矣乎!吾未见好德如好色者也。"①

译文:

孔子说:"算啦!我从没见到爱好美德有如爱好美色的人。"

注释:

①《史记·孔子世家》:"(孔子)居卫月余,灵公与夫人(南子)同车,宦者雍渠参乘,出,使孔子为次乘,招摇市过之"。

15.14　子曰:"臧文仲其窃位者与①!知柳下惠之贤而不与立也②。"

译文:

孔子说:"臧文仲也许是个窃踞官位的人吧!他明知柳下惠贤能却不给他位置。"

注释:

①臧文仲,鲁国的大夫臧孙辰,历仕庄、闵、僖、文四朝,时任司寇。

②柳下惠,鲁国贤者,本名展获,字禽,又叫展季。"柳下"可能是其所居,因以为号,以贤知名,曾任鲁之少师,少师隶属于司寇。《艺文类聚》引《淮南子》许慎注云:"展禽之家树柳行惠德,号柳下惠。"《四书释地续》:"展禽为鲁公族,居应于曲阜,而食邑则在柳下。"据《列女传》,"惠"是他的妻子给他的私谥,其义为"爱"也。立,同"位",指继承职位。范祖禹言:"臧文仲为政于鲁,若不知贤,是不明也;知而不举,是蔽贤也。不明之罪小,蔽贤之罪大,故孔子以为不仁,又以为窃位。"

15.15　子曰:"躬自厚而薄责于人①,则远怨矣。"

译文：

孔子说:"多要求自己而少求于人,就可以远离(别人的)怨恨。"

注释：

①"躬自厚"当作"躬自厚责","责"字如下文"薄责"之"责",省略。躬,身也,即己,自我(躬、己古音相通),如《诗经·卫风·氓》的"静言思之,躬自悼矣"。

15.16 子曰:"不曰'如之何,如之何'者,吾未如之何也已矣。"

译文：

孔子说:"不问'怎么办,怎么办'的人,我对他是没有办法的。"

15.17 子曰:"群居终日,言不及义,好行小慧①,难矣哉!"

译文：

孔子说:"与众人生活在一起,讲的却不是正经话,专耍小聪明,这种人很麻烦啊!"

注释：

①《说文》:"慧,儇也。"今言"坏"。《史记索隐》:"慧,智也。"聪明多智一语,在汉语中有褒义亦有贬义。贬义称"坏"(儇),称"奸"(智,谲)、"诈"(精明)。小慧,今语"小聪明"也。

15.18 子曰:"君子义以为质①,礼以行之,孙以出之②,信以成之。君子哉!"

译文：

孔子说:"君子以礼仪为原则,按照礼制做事,谦逊出言,用诚信来成事。这就是君子啊!"

注释：

①义,仪也,表也。表,以三尺之杆为之,以测日晷也。质,原则也。

②孙,逊也,谦逊。

15.19 子曰:"君子病无能焉,不病人之不己知也①。"
译文:
孔子说:"君子只怕自己无能,不怕别人不了解自己。"
注释:
①病,读为鄙,鄙薄。

15.20 子曰:"君子疾没世而名不称焉①。"
译文:
孔子说:"君子只怕到死仍无名于世。"
注释:
①疾,忌,惧。

15.21 子曰:"君子求诸己,小人求诸人①。"
译文:
孔子说:"君子求于自身,小人则求于别人。"
注释:
①此"求"有复杂语义:责备,索求,要求。

15.22 子曰:"君子矜而不争,群而不党①。"
译文:
孔子说:"君子自重而不与人争,结成群体但不结为私党。"
注释:
①矜,庄重。《洪范》:"无偏无党,王道荡荡。"

15.23 子曰:"君子不以言举人,不以人废言①。"

译文：

孔子说："君子不会因为别人讲得好听就举荐他，也不因为不喜欢某个人而否定他的言论。"

注释：

①戴震言："即不喜某人则不用其言。"（《戴震全集》）

15.24　子贡问曰："有一言而可以终身行之者乎①？"

子曰："其'恕'乎！己所不欲，勿施于人。"

译文：

子贡问道："有没有一个字而可以终身奉行的？"

孔子说："那就是'恕'字吧！自己不愿接受的事，就不要强加于别人。"

注释：

①一言，即指一个词。言，词也。

15.25　子曰："吾之于人也，谁毁谁誉①？如有所［毁］誉者②，其有所试矣，斯民也③。三代之所以直道而行也。"

译文：

孔子说："我对于人，为何对有的人批评、有的人赞誉？如果有所毁誉，那我必定是已实际测试过，才会这样说。夏商周三代的人都是以这种正直之道而行事啊。"

注释：

①毁，诋也，指责。
②似失一"毁"字。
③民读为"名"。

15.26　子曰："吾犹及史之阙文也。"

［有马者借人乘之。今亡矣夫！］①

译文：

孔子说："我曾看到过史书中有缺少的文字啊。"
[有马的人将马借给别人乘用。现在也没有了啊。]

注释：

①此章有乱简，故失解。

15.27 子曰："巧言乱德。小不忍，则乱大谋①。"

译文：

孔子说："花言巧语败乱道德。小事不忍，必坏大计。"

注释：

①谋，计谋也。

15.28 子曰："众恶之，必察焉；众好之，必察焉①。"

译文：

孔子说："大家都说他坏，必须要亲自考察；大家都说他好，也必须要亲自考察。"

注释：

①《孟子·梁惠王下》："国人皆曰贤，然后察之……国人皆曰不可，然后察之。"《风俗通·正失》引《论语》，"好"作"善"。此言为政之道，大善大奸其表象或正相反。群众舆论多来自于表象，不足为信也！

15.29 子曰："人能弘道，非道弘人①。"

译文：

孔子说："人格能使真理得到弘扬，而不是真理能使人格得到弘扬。"

注释：

①弘，弘扬。

15.30 子曰："过而不改，是谓过矣。"

译文：

孔子说："有过错而不改，这才是真的过错啊。"

15.31　子曰："吾尝终日不食、终夜不寝以思，无益，不如学也。"

译文：

孔子说："我曾经整天不吃饭、整夜不睡觉地思考，但一无所获，不如去学习啊。"

15.32　子曰："君子谋道不谋食。耕也，馁在其中矣①；学也，禄在其中矣②。君子忧道不忧贫。"

译文：

孔子说："君子只谋求于真理，不谋求于衣食。用力于耕作，是因为腹中饥饿。而只要学习，就必可以得到官禄。所以君子只愁没有掌握真理，不忧愁于生活贫困。"

注释：

①《说文》："馁，饥也。"

②禄，敬神之米曰"禄"米，敬神之酒曰"福"酒，皆于祭祀后赐之于祭祀者，曰散福、散禄。引申其义，食官粮者曰食禄。禄者，官禄也。禄、谷古字通，"禄"字本义为敬神之谷米。

15.33　子曰："知及之，仁不能守之；虽得之，必失之。知及之，仁能守之；不庄以莅之①，则民不敬。知及之，仁能守之，庄以莅之，动之不以礼，未善也。"

译文：

孔子说："如果才智胜任，但其仁善不足以守持，即使得到了（职位），也会失掉。如果才智胜任，仁善也足以守持，但不能以庄重的态度在位，百姓也不会敬重。才智胜任职位，仁善足以守持，又能以庄重的态度在位，但行动不守礼制，仍然不是善政啊。"

注释：

①莅，临也。

15.34　子曰："君子不可小知而可大受也①，小人不可大受而可小知也②。"

译文：

孔子说："君子不可以靠小聪明来承受大任；小人不可以授予大任，却可以利用其小聪明。"

注释：

①受，授也，授予。
②知通智，又通计。小知，小聪明。

15.35　子曰："民之于仁也，甚于水火。水火，吾见蹈而死者矣，未见蹈仁而死者也。"

译文：

孔子说："人们对仁善的需要，超过对于水和火的需要。我只见过陷入水火而丧生的，却没见过因实践仁善而丧命的。"

15.36　子曰："当仁，不让于师。"

译文：

孔子说："如果是面对着仁善，那么就是对老师也不要作谦让。"

15.37　子曰："君子贞而不谅①。"

译文：

孔子说："君子坚贞而不执拗。"

注释：

①贞，坚贞，即正直也，《新书·道术篇》云："言行抱一谓之贞。"《尚书·太甲》"万邦以贞"，朱骏声释"贞"为"正也"。谅，亮也。《尚

书》"谅阴",字或作"亮阴",可证。亮,炫耀、显示。朱骏声《说文通训定声》说"谅"字假借为"勍",犹固执也!

15.38 子曰:"事君,敬其事而后其食①。"

译文:

孔子说:"服侍君主,首先要恭敬职责而后才考虑其俸禄。"

注释:

①而后其食,宋晁公武《郡斋读书志》记《蜀石经》作"而后食其禄"。

15.39 子曰:"有教,无类①。"

译文:

孔子说:"能教育的都要给予教育,不要区分(贵贱、贫富、国别和种姓的)族类。"

注释:

①有,宜也。适宜,能也。类,别也。类,群也。《说文》:"类,种类相似,唯犬为甚,故其字从犬。"《吕氏春秋·劝学》:"故师之教也,不争轻重、尊卑、贫富,而争于道。其人苟可,其事无不可。"此可作本句之疏解。《司马法》云:"古之教民,必立贵贱之伦经,使不相陵。"伦,即类也。故孔曰:"有教,无类。"

15.40 子曰:"道不同,不相为谋①。"

译文:

孔子说:"信仰不同,就无法共同谋议。"

注释:

①谋,计虑也,论议也。《史记·老庄申韩列传》:"世之学老子者则绌儒学,儒学亦绌老子。'道不同不相为谋',岂谓是耶?"

15.41 子曰:"辞达而已矣①。"

译文：

孔子说："对言辞只要能做到清晰地表达就可以了。"

注释：

①孔安国疏："凡事莫过于实，词达则足矣，不烦文艳之辞。"

15.42　师冕见①。及阶，子曰："阶也。"及席，子曰："席也。"皆坐，子告之曰："某在斯，某在斯。"

师冕出。子张问曰："与师言之道与？"

子曰："然，固相师之道也②。"

译文：

（瞽者）师冕来见。到了台阶前，孔子说："这是台阶呀。"到了座席前，孔子说："这是座席呀。"大家坐下了，孔子又告诉他："某人坐这里，某人坐那里。"

师冕辞出。子张问道："同盲乐师有必要这样啰唆吗？"

孔子说："对，这正是敬重乐师的方式。"

注释：

①师，乐师；冕，乐师名。古之乐师常为瞽者，故孔子亲为引导。孔安国疏："师，乐人盲者，名冕。"

②相，助也。马融注："相，导也。"郑玄注："相，扶也。"

季氏篇第十六

16.1　季氏将伐颛臾①。

冉有、季路见于孔子曰:"季氏将有事于颛臾。"

孔子曰:"求!无乃尔是过与?夫颛臾,昔者先王以为东蒙主②,且在邦域之中矣,是社稷之臣也。何以伐为?"

冉有曰:"夫子欲之,吾二臣者皆不欲也。"

孔子曰:"求,周任有言曰③:'陈力就列,不能者止。'危而不持,颠而不扶,则将焉用彼相矣④?且尔言过矣,虎兕出于柙,龟玉毁于椟中,是谁之过与?"

冉有曰:"今夫颛臾,固而近于费⑤,今不取,后世必为子孙忧。"

孔子曰:"求!君子疾夫舍曰欲之而必[更]为之辞⑥。丘也闻有国有家者,不患寡而患不均,不患贫而患不安⑦。盖均无贫,和无寡,安无倾。夫如是,故远人不服,则修文德以来之。既来之,则安之。今由与求也,相夫子,远人不服,而不能来也。邦分崩离析,而不能守也,而谋动干戈于邦内⑧。吾恐季孙之忧,不在颛臾,而在萧墙之内也⑨。"

译文:

季氏将要攻伐颛臾。

冉有、子路来见孔子,说:"季氏将要对颛臾有所行动。"

孔子说:"冉求!这事的过错在你吧?那个颛臾国,从前先王曾让它主持东蒙山,况且它在鲁国疆域之内,是侍奉宗社的臣属。为什么要攻打它呢?"

冉有说:"是季夫子要打,我们两个家臣并不愿意。"

孔子说:"阿求啊,周任说过:'能尽力就去任职,不能就该辞去。'见别人有危险而不去救持,跌倒了也不去搀扶——那么何必还要你做为助手?你的话显然不对。让老虎、犀牛从笼子里跑出来,让龟甲、宝玉毁坏在匣子中,这是谁的过错呢?"

冉有说:"那个颛臾国,城墙坚固而且靠近费邑,现在如果不攻下来,到了后世必然会成为季氏子孙的忧患。"

孔子说:"阿求啊!君子讨厌那种嘴上说不要,实际又想要,而且为此制造借口(的人)。我听说,领导一国一家的人,所忧虑的不是缺少,而是分配不均,不是贫困而是不安定。只要财产均平就无所谓贫穷,只要人际亲和则不怕财物缺少,只要社会安定国家就不会倾覆。这样,如果有远方的人不归服,只要修整文治就能使他们自动前来;来了之后,也能使他们安定。现在你阿由与阿求都在辅佐季氏,远方的人不归服,又不能使他们自愿归来。国内已分崩离析,不能保持稳定,反而策划在疆域之内大动干戈。我只怕季孙氏所真正应该忧虑的,并不是颛臾,而是在那宫殿的高墙之内啊。"

注释:

①此篇极其重要,是孔子的一篇政治宣言。颛臾:春秋时一个小国,鲁国的附庸国。现在山东省费县西北80里有颛臾村,当是古颛臾之地。

②东蒙:即东蒙山,一名蒙山,在鲁国东部,在今山东蒙阴县南。

③任、聃音通,周任疑即周聃,即老子也。

④相:辅助,辅助者。《四书辨疑》:"相本训助、训扶,原是扶持辅佐之义。"

⑤费:古音 bì,鲁国的一个小城邑,季氏的封邑,其地在今山东费县。

⑥皇侃本"必"下有"更"字。此句有乱文,当读作:"君子疾夫曰欲舍之,而必更为之辞",乃畅通。旧说皆甚枉谬,无可取哉!

⑦"不患"两句:上句"寡"字下句"贫"字互倒。俞樾《群经平议》:"此本作'不患贫而患不均,不患寡而患不安'。"译文据之。

⑧当时季氏权势很大,把持鲁国政事,鲁哀公想削弱其势力。因颛臾

靠近季氏封地,季氏便担心它被哀公利用而对自己不利,所以要攻打它。孔子这句话道破了季氏伐颛臾的真实意图。

⑨萧,削也,峭也。萧墙,高墙,又称"肃墙""削墙",即峻墙、高墙,指宫门前屏墙。"萧墙之内"暗指鲁君。

16.2　孔子曰:"天下有道,则礼乐征伐自天子出。天下无道,则礼乐征伐自诸侯出。自诸侯出,盖十世希不失矣。自大夫出,五世希不失矣。陪臣执国命,三世希不失矣。天下有道,则政不在大夫;天下有道,则庶人不议。"①

译文:

孔子说:"如果天下有道,那么礼乐制度和征伐都由天子决定。而当天下无道,则礼乐制度和征伐都由诸侯做主。诸侯做主,很少传到十代而政权仍不丧失。如果由大夫做主,很少传到五代而政权仍不丧失。如果让家臣操纵国家命脉,很少传到三代而政权仍不丧失。天下有道,政权就不会落到大夫手中。天下有道,老百姓就不会讥议朝政。"

注释:

①此段话是针对鲁国季氏家族把持国政而发的。杨伯峻说:"孔子这一段话可能是从考察历史,尤其是当日时事所得出的结论。'自天子出',孔子认为尧、舜、禹、汤以及西周都如此的;'天下无道'则自齐桓公以后,周天子已无发号施令的力量了。齐自桓公称霸,历孝公、昭公、懿公、惠公、顷公、灵公、庄公、景公、悼公、简公十公,至简公而为陈恒所杀,孔子亲身见之;晋自文公称霸,历襄公、灵公、成公、景公、厉公、平公、昭公、顷公九公,六卿专权,也是孔子所亲见的。所以说'十世希不失'。鲁自季友专政,历文子、武子、平子、桓子而为阳虎所执,更是孔子所亲见的。所以说'五世希不失'。至于鲁季氏家臣南蒯、公山弗扰、阳虎之流都当身而败,不曾到过三世。当时各国家臣专政的,孔子言'三世希不失',盖宽言之。这也是历史演变的必然,愈近变动时代,权力再分配的斗争一定愈加激烈。"(这是杨书中最佳注之一也。)

16.3　孔子曰:"禄之去公室五世矣,政逮于大夫四世矣①。故夫三桓之子孙微矣②。"

译文：

孔子说："禄命从鲁君手中失去已经过了五代了，政权落入大夫手中也已经经历四代了。所以三桓的子孙也该到衰微的时候了。"

注释：

①鲁文公十八年（公元前608年），鲁国大夫襄仲杀文公太子恶而立宣公，从此国家政权落入大夫手中。这种局面，到孔子说这话的时候，已经历了宣公、成公、襄公、昭公、定公这五代；从大夫季氏最初把持政权，至此已经历了文子、武子、平子、桓子这四代（说本毛奇龄《论语稽求篇》）。

②三桓：鲁国的孟孙氏、叔孙氏、季孙氏，都出自于鲁桓公的兄弟，故称"三桓"。

16.4　孔子曰："益者三友，损者三友。友直，友谅①，友多闻，益矣。友便辟②，友善柔，友便佞③，损矣。"

译文：

孔子说："有益之友有三种，有害之友有三种。朋友正直、朋友明哲、朋友见闻多，就是有益之友。朋友褊狭、朋友狡猾、朋友花言巧语，就是有害之友。"

注释：

①谅读为"亮"，明哲；又，谅，宽谅。旧说训"信"。《说文》："谅，信也。"

②便辟，即偏僻，偏鄙，卑鄙。

③便，辩也，谝也。《说文》：谝，便巧言也。佞，昵也，近暱。

16.5　孔子曰："益者三乐，损者三乐。乐节礼乐，乐道人之善，乐多贤友，益矣。乐骄乐，乐佚游①，乐晏乐②，损矣。"

译文：

孔子说："三种快乐是有益的，三种快乐是有害的。以节制礼乐为快乐，以称道别人长处为乐，以结交贤友为乐，是有益的。以骄纵恣肆当快乐，以纵情游逛当快乐，以沉溺于安乐当快乐，是有害的。"

注释：

①佚游，即野游，王弼曰"出入不知节也"。《尚书·皋陶谟》："无若丹朱傲，惟慢游是好。"

②晏，欢晏。《说文》："晏，安也。"指"荒湛于酒"（《诗经·大雅·抑》）及"宋音燕女溺志"（《史记·乐书》）。

16.6 孔子曰："侍于君子有三愆①：言未及之而言，谓之'躁'②；言及之而不言，谓之'隐'③；未见颜色而言，谓之'瞽'④。"

译文：

孔子说："陪伴君子要注意三种过失：不该讲的话乱讲，这叫'躁'；该讲的话不讲，这叫'隐'；不观察对方神色而讲话，这叫'瞎'。"

注释：

①有，注意。愆，过也。
②躁，不安静。
③隐，匿也。
④瞽，盲也。

16.7 孔子曰："君子有三戒：少之时，血气未定，戒之在色。及其壮也，血气方刚，戒之在斗。及其老也，血气既衰，戒之在得①。"

译文：

孔子说："君子有三戒：年少时，血气未定，要戒女色。壮年时，血气方刚，要戒好斗。老年时，血气已衰，要戒贪欲。"

注释：

①孔安国注云："得，贪得。"《淮南子·诠言训》："凡人之性，少则猖狂，壮则强暴，老则好利。"

16.8 孔子曰："君子有三畏：畏天命，畏大人①，畏圣人之言。小人不知天命而不畏也,狎大人,侮圣人之言。"

译文:

孔子说:"君子有三种敬畏:敬畏天命,敬畏长辈,敬畏圣人的言论。小人不懂天命因而没有敬畏,也不敬重长辈,又好轻侮圣人的言论。"

注释:

①大人:古代对于在高位的人叫"大人",如《易·乾卦》"利见大人",《礼记·礼运》"大人世及以为礼",《孟子·尽心下》"说大人,则藐之"。

16.9 孔子曰:"生而知之者上也;学而知之者次也;困而学之,又其次也。困而不学,'民'(盲)①,斯为下矣。"

译文:

孔子说:"生来就懂的是上智;学了才懂的是下智;有了困惑才学的,则是又下一等。有困惑而不学的,是'盲',也是最下一等。"

注释:

①《春秋繁露》:"民者,瞑也。"又,瞑士即盲人。

16.10 孔子说:"君子有九思:视思明,听思聪,色思温,貌思恭,言思忠①,事思敬②,疑思问,忿思难③,见得思义④。"

译文:

孔子说:"君子应当作九种思虑:看的时候要考虑看清,听的时候要考虑听清,神色要考虑温和,容貌要考虑恭敬,说话要考虑真诚,做事要考虑认真,疑难要考虑求教,发怒要考虑后果,见利益要考虑是否合于原则。"

注释:

①视、听、色、貌、言,人之五容。
②事,做事。敬,肃也,小心谨慎。
③忿,怒也。
④得,利得,利益。

16.11　孔子曰:"'见善如不及,见不善如探汤①。'吾见其人矣,吾闻其语矣。'隐居以求其志②,行义以达其道。'吾闻其语矣,未见其人也。"

译文:

孔子说:"'见到善行(要立即追赶)只怕来不及,见到不善(要立即趋避)如同将手伸进烫水。'我见过这样的人,我也听过这样的话。'以隐居来坚守志向,以行义来实现真理。'我听过这样的话,但还没有见到过能这样做的人。"

注释:

①汤,滚水曰汤。
②求,就也,居位曰就位,守也,此言守志。

16.12　齐景公有马千驷①,死之日,民无德而称焉。伯夷、叔齐饿于首阳之下②,民到于今称之。其斯之谓与?

译文:

齐景公有4000匹马,他死的时候,人民觉得他没有任何德行值得称道。伯夷、叔齐饿死在首阳山下,人民至今还在称颂他们。大概说的就是这种情况吧?

注释:

①此则应承连于上一则(16.11)。千驷,古代用四匹马驾一辆车,所以一驷就是四匹马。《左传》哀公八年:"鲍牧谓群公子曰:'使女有马千乘乎?'""千乘"与"千驷"义同。
②首阳,首阳山。

16.13　陈亢问于伯鱼曰①:"子亦有异闻乎?"

对曰:"未也。尝独立,鲤趋而过庭。曰:'学《诗》乎?'对曰:'未也。''不学《诗》,无以言。'鲤退而学《诗》。他日,又独立,鲤趋而过庭。曰:'学《礼》乎?'对曰:'未也。''不学《礼》,无以立。'鲤退而学礼。闻斯二者。"

陈亢退而喜曰："问一得三，闻《诗》，闻《礼》，又闻君子之远其子也。"

译文：

陈亢问伯鱼："您听到过（孔子）特殊的教诲吗？"

伯鱼答："没有。但有一次他独自站在那里，我匆匆经过庭院，他问我：'你学《诗》了吗？'我回答：'没有。''不学《诗》，就不会讲话。'我回去后便去学《诗》。又有一次，他独自站在庭院中，我匆匆经过，他问我：'你学《礼》了吗？'我说：'没有。''不学《礼》，就无法立足于社会。'我回去后便学礼。我私下只听到过这两次教诲。"

陈亢回去后高兴地说："我只问一个问题，却得到了三种收获：知道了《诗》，知道了《礼》，还知道了君子疏远于自己的儿子。"

注释：

①陈亢，字子禽，孔子弟子。伯鱼，即孔鲤，孔子之独生子。

16.14 邦君之妻，君称之曰"夫人"。夫人自称曰"小童"。邦人称之曰"君夫人"，称诸异邦曰"寡小君"。异邦人称之亦曰"君夫人"。

译文：

国君的妻子，国君称她为"夫人"。夫人则自称为"小童"。国人称她为"君夫人"，对外国人称她为"寡小君"。外国人也称她为"君夫人"。

阳货篇第十七

17.1　阳货欲见孔子①，孔子不见，归孔子豚②。
孔子时其亡也，而往拜之③。遇诸途。
谓孔子曰："来！予与尔言。"曰："怀其宝而迷其邦④，可谓仁乎？"
曰："不可。"
"好从事而亟失时，可谓知乎？"
曰："不可。"
"日月逝矣，岁不我与。"
孔子曰："诺，吾将仕矣⑤。"

译文：

阳货要见孔子，孔子不见他。他留下了一只小猪送给孔子。

孔子等到阳货外出时，才去他家道谢。在半路上两人相遇。

阳货说："来！我对你有话说。"他说："怀藏着国宝却听任国家陷入混乱，这能算仁善吗？"

答："不能。"

"想做事，却又多次丧失时机，这能算聪明吗？"

答："不能。"

"岁月在流逝，时光是不会再回来的。"

孔子说："好吧，我会出来做事的。"

注释：

①阳货，又作阳虎，虎、货音通。孟氏家族之庶支别子，曾任鲁国大

夫季氏的家臣，孔子少年时曾遭到阳虎之凌傲。阳虎一度把持季氏家族的大权和鲁国政权，后来因权力斗争失利而逃往齐国、晋国。

周礼之制，国有大夫、卿大夫及邑宰。卿大夫私家也有大夫，称"家大夫"或"臣大夫"（《四书剩言》）。阳虎乃季氏之家大夫。季氏是司徒，下有大夫二人，一曰小宰，一曰小司徒。大夫亦即大仆，仆臣即辅臣，即陪臣、配臣。顾栋高《春秋大事表》："阳虎欲以己更孟氏，疑与孟孙同族。"孔安国曰："阳货，阳虎也。季氏家臣而专鲁国之政，欲见孔子使仕也。欲使往谢，故遗孔子豚也。"

②归，郑玄本作"馈"，赠送。

③时，通"侍"，待也。当时礼节，大夫赏赐东西给士，如果士未能在家当面受赐，过后就要亲自上大夫家拜谢。《孟子·滕文公下》："大夫有赐于士，不得受于其家，则往拜其门。"

④迷其邦，马融说："知国不治而不为政，是迷邦也。"

⑤郭象评曰："圣人无心，仕与不仕随世耳。"

17.2　子曰："性相近也，习相远也①。"

译文：

孔子说："人的天性本来相近，但由于习染不同而背离相远了。"

注释：

①皇侃疏："性者，人所禀以生也。习者，谓生后有百仪常所行习之事也。"

17.3　子曰："唯上知与下愚不移①。"

译文：

孔子说："只有上等的智慧和下等的愚笨才是永远固执不变的。"

注释：

①知，智也。此言"不变"，非谓"上智"不变、"下愚"不变，而是说只有上等智者、下等愚人一旦拿定主意就不会改变也。《传习录》："问：'上智下愚如何不可移？'先生曰：'不是不可移，只是不肯移。'"

17.4 子之武城①，闻弦歌之声。夫子莞尔而笑②，曰："割鸡焉用牛刀？"

子游对曰③："昔者偃也闻诸夫子曰：'君子学道则爱人，小人学道则易使也。'"

子曰："二三子！偃之言是也。前言戏之耳。"

译文：

孔子来到武城，听到举行礼会奏演弦歌之声。孔子委婉而笑，说："杀鸡何必要用宰牛之刀？"

子游答："以前我听先生说过：'君子学了礼仪，就会爱人；小人学了礼仪，就容易使唤。'"

孔子说："弟子们，言偃讲的是对的。我先前那句话是开玩笑啊。"

注释：

①武城，鲁邑名，言偃为其邑宰。

②莞尔，何晏说是"小笑貌"。唐贞观《孔庙碑》作"哾尔微笑"，即"婉昵"。

③子游，即言偃，孔子弟子。

17.5 公山弗扰以费畔①，召，子欲往。

子路不说，曰："末之也？已，何必公山氏之之也②？"

子曰："夫召我者，而岂徒哉？如有用我者，吾其为东周乎③！"

译文：

公山弗扰占据费邑企图反叛，召唤孔子，孔子打算去。

子路不高兴，说："没有可去的地方了吗？算了！何必要到公山氏那里去呢？"

孔子说："他来召我，我就会成为他的徒党吗？不管谁用我，我都要为东周服务啊！"

注释：

①公山弗扰，又作公山不狃，字子泄，季氏家臣。费，季氏封邑。《左传》定公十二年叙公山不狃叛鲁，孔子当时为司寇，命人打败了他。

因此赵翼的《陔余丛考》、崔述的《洙泗考信录》都疑心这段文字不可信。《集释》引黄式三《论语后案》云："弗扰召孔子者，时孔子未仕，故得相召，依《左传》，当在定公八年……阳虎执桓子事在定公五年……崔东壁合两事为一，遂疑圣经之伪，盲人耳。"其说可参。定公十一年十月，阳虎叛，不狃亦据费应之，是欲叛也。乃召孔子。第二年阳虎败奔齐，不狃势孤，遂未敢复动。

②第一"之"，代词，那里。第二"之"，动词，前往。

③东周，指周王廷，时在洛阳，故称"东周"。

程树德说："曹月川云：'阳虎与不狃，欲去三桓，一也。虎欲见，孔子不见；不狃召，欲往，其用心必有异乎？盖弗扰名为畔臣，势不得来见，故欲见，而召不害为响慕之诚。虎不来见，又瞰亡归之豚，其意谲矣。且二人皆欲去三桓者，不狃意张公室，特不知非家臣宜举耳；虎本不在公室，特欲假公室，制大夫为利而已。观异日吴欲伐鲁，不狃止之，虎乃劝齐三加于鲁，则可见夫子不见欲往，殆谓是欤？'其论颇有所见，附识于此。"

17.6　子张问仁于孔子。

孔子曰："能行五者于天下为仁矣。"

"请问之。"

曰："恭、宽、信、敏、惠。恭则不侮，宽则得众，信则人任焉，敏则有功，惠则足以使人。"

译文：

子张就如何为仁询问孔子。

孔子说："能将五件事行于天下就是仁善。"

"请问哪件五事？"

孔子说："要恭敬，宽厚，诚信，勤勉，关爱。恭敬就不会相侮，宽厚就能得到众人拥护，诚信就能得到人们信任，勤勉就会有业绩，关爱就可以使用人。"

17.7　佛肸召①，子欲往。

子路曰:"昔者由也闻诸夫子曰:'亲于其身为不善者,君子不入也②。'佛肸以中牟畔③,子之往也,如之何?"

子曰:"然,有是言也:'不曰坚乎,磨而不磷④。不曰白乎,涅而不缁⑤。'吾岂匏瓜也哉⑥?焉能系而不食?"

译文

佛肸召孔子,孔子打算去。

子路说:"过去我听先生说过:'本身不做仁善之事者,君子就不去理睬呀。'佛肸占据中牟反叛,您却要去那里,这是为什么呢?"

孔子说:"是啊,但还有这么一句话:'不是说很坚硬吗?那么再磨也不会薄。不是说很洁白吗?那么再染也不会黑。'我难道只是个空葫芦吗?总不能挂在那里不吃饭啊!"

注释

①佛肸(bì xī),晋大夫范中行的家臣,中牟宰。《左传》哀公五年:"夏,赵鞅伐卫,范氏之故也。遂围中牟。"

②入,读为染,惹,近也。沾染,理睬。

③中牟,春秋时晋邑,故址当在今日河北省邢台和邯郸之间,非河南的中牟。

④磷(lìn),薄也。

⑤涅,本是一种矿物,古人用作黑色染料。缁,黑色。

⑥匏瓜,即匏子,古有甘、苦两种,苦的不能吃,但因它比水轻,可以系于腰,用以泅渡。《国语·鲁语》:"苦瓠不材,于人共济而已。"《庄子·逍遥游》:"今子有五石之匏,何不虑以为大樽,而浮乎江湖。"

17.8 子曰:"由也,女闻六言六蔽矣乎①?"

对曰:"未也。"

"居,吾语女。好仁不好学,其蔽也愚;好知不好学,其蔽也荡;好信不好学,其蔽也贼;好直不好学,其蔽也绞;好勇不好学,其蔽也乱;好刚不好学,其蔽也狂。"

译文

孔子说:"仲由,你听说过这六句话以及六种弊病吗?"

答:"没有。"

"坐下,我讲给你。爱好仁善但不爱学习,它的弊病是愚笨;爱好智谋而不爱学习,它的弊病是轻率;爱好言语而不爱学习,它的弊病是奸诈;爱好耿直而不爱学习,它的弊病是狡辩;爱好勇敢而不爱学习,它的弊病是作乱;爱好刚强而不爱学习,它的弊病是狂妄。"

注释:

①蔽,弊也。

17.9 子曰:"小子何莫学夫《诗》?《诗》,可以兴,可以观,可以群,可以怨①。迩之事父,远之事君;多识于鸟兽草木之名。"

译文:

孔子说:"弟子们为何不学一学《诗经》?学《诗经》,可以激发志趣,可以观察事物,可以使人友善,可以让人发泄。近之可以服侍父母,远之可以侍奉君王,还可以使人认识很多鸟兽草木的名称。"

注释:

①怨,怨言,郑玄说:"谓刺上政。"

17.10 子谓伯鱼曰:"女为《周南》《召南》矣乎①?人而不为《周南》《召南》,其犹正墙面而立也与②?"

译文:

孔子对伯鱼说:"你研读过《周南》《召南》吗?一个人如果没有研读过《周南》《召南》,那不就像面对着墙壁而呆立吗?"

注释:

①《周南》《召南》,属《诗经·国风》。马融说:"《周南》《召南》,《国风》之始。"沈括《梦溪笔谈》说:"《周南》《召南》,乐名也……有乐有舞焉,学者之事……所谓为《周南》《召南》者,不独诵其诗而已。"陈奂《毛诗疏》:"南,南国也,在江汉之域。周,雍州地名,在岐山之阳。"《韩诗外传》云:"其地在南郡、南阳之间。"

②正,止也。

17.11　子曰:"礼云礼云,玉帛云乎哉?乐云乐云,钟鼓云乎哉?"①

译文:

孔子说:"礼呀礼呀,难道只是说玉帛吗?乐呀乐呀,难道只是说钟鼓吗?"

注释:

①儒教中最重视的是礼与乐。礼是制度与仪式。司马光《资治通鉴》论"礼"云:"天子之职莫大于礼,礼莫大于分,分莫大于名。何谓礼?纪纲是也。何谓分?君、臣是也。何谓名?公、侯、卿、大夫是也。夫以四海之广,兆民之众,受制于一人,虽有绝伦之力,高世之智,不奔走而服役者,岂非以礼为之纪纲哉!是故天子统三公,三公率诸侯,诸侯制卿大夫,卿大夫治士庶人。贵以临贱,贱以承贵。上之使下犹心腹之运手足,根本之制支叶,下之事上犹手足之卫心腹,支叶之庇本根,然后能上下相保而国家治安。故曰天子之职莫大于礼也……夫礼,辨贵贱,序亲疏,裁群物,制庶事,非名不著,非器不形;名以命之,器以别之,然后上下粲然有伦,此礼之大经也。"

乐首先是宗教音乐,认为"乐以通神""乐以娱神""乐以兴神""乐以媚神",乐是直接沟通人神两界的特殊语言。第二是人类借以表达和宣泄情感的一种美好形式。孔子还建树了一种道德理想——仁善,仁善的目的是利人,是为了人,是人道和正义。他试图以"礼制"作为政治目标,以尊王,加强王权,阻遏当时正在分崩离析的政治秩序,使当时已呈现四分五裂的国家回归于统一,统一于周礼。

17.12　子曰:"色厉而内荏①,譬诸小人,其犹穿窬之盗也与?"

译文:

孔子说:"外表凶狠而内心虚弱,那不就像小人,或者更像穿墙挖洞的小偷?"

注释:

①荏,弱也。

17.13 子曰:"乡愿,德之贼也①。"

【译文】

孔子说:"四面圆滑,那是道德之贼。"

【注释】

①乡,向,四向。愿,原,即圆。旧说多谬也。《孟子》作"原"。《孟子·尽心下》:"何以是嘐嘐也?言不顾行,行不顾言,则曰:'古之人,古之人,行何为踽踽凉凉?生斯世也,为斯世也,善斯可矣。'阉然媚于世也者,是乡原也。"又说:"非之无举也,刺之无刺也。同乎流俗,合乎污世。居之似忠信,行之似廉洁。众皆悦之,自以为是,而不可与入尧舜之道。故曰'德之贼'也。"愿,圆也。乡,方也。(丁惟汾《方言音释》)乡愿,方圆,说方为圆。

17.14 子曰:"道听而途说,德之弃也。"

【译文】

孔子说:"在路上听了传言随即就作传播,那是违反美德的。"

17.15 子曰:"鄙夫可与事君也与哉①?其未得之也,患[不]得之②;既得之,患失之。苟患失之,无所不至矣。"

【译文】

孔子说:"难道可以同乡下人一起服务于国君吗?他没有得到官职时,就担心得不到;得到官职了,又唯恐失掉。由于唯恐失掉,于是什么事都可以去做啊!"

【注释】

①鄙夫,乡下农夫。可与,王引之《释词》谓即"可以"。
②王符《潜夫论·爱日》云:"孔子疾夫未之得也,患不得之;既得之,患失之者。"可见东汉人所据的本子有"不"字。《荀子·子道》说:"孔子曰……小人者,其未得也,则忧不得;既已得之,又恐失之。"

17.16 子曰:"古者民有三疾①,今也或是之亡也。古之狂也肆,今之狂也荡；古之矜也廉②，今之矜也忿戾；古之愚也直，今之愚也诈而已矣。"

译文：

孔子说："古人憎恨三种毛病，现在的人也许不是如此了。古代的狂者追求自由，现在的狂者却行为放荡。古代之傲者廉洁，现在之傲者暴烈。古代的愚者憨直，现在的愚者却是伪诈。"

注释：

①疾，嫉也，憎恨。

②矜，傲也。《公羊传》僖公九年："矜之者何？犹曰莫我若也。"《礼记·表记》："不矜而庄。"郑注："谓自尊大也。"廉，清正。《广雅》："廉，清也。"

17.17 子曰："巧言令色，鲜矣仁。"①

译文：

孔子说："以花言巧语讨好于人，是很少会有仁善之心的。"

注释：

①已见学而篇（1.3）。

17.18 子曰："恶紫之夺朱也①，恶郑声之乱雅乐也，恶利口之覆邦家者。"②

译文：

孔子说："可恨那种冒充鲜红的紫色。可恨那种混乱典雅音乐的郑国流行音乐。可恨那种导致国家倾覆败亡的能言善辩者！"

注释：

①朱，橙黄色；紫，暗红色。紫之夺朱：西周之君伯服本以朱色，春秋时候鲁桓公和齐桓公都喜欢穿紫色的衣服，遂流行开来。《左传》哀公十七年，卫浑良夫"紫衣狐裘"而被罪，那时紫色已代替了朱色而变为诸侯衣服的正色了。

②当指少正卯一类人，《荀子·宥坐》记孔子曰："人有恶者五，一曰

心达而险，二曰行辟而坚，三曰言伪而辩，四曰记丑而博，五曰顺非而泽。"

17.19　子曰："予欲无言。"

子贡曰："子如不言，则小子何述焉①？"

子曰："天何言哉？四时行焉，百物生焉，天何言哉？"

译文：

孔子说："我已不想说什么了。"

子贡说："您如果不讲话，那我们学生还能学到什么呢？"

孔子说："上天又说了什么呢？四季自然运行，万物自然生长，上天又说过什么呢？"

注释：

①述，《说文》云"循也"。述、循古字通，循有仿效学习之意。《楚辞·天问》王逸注："循，遵也。"

17.20　孺悲欲见孔子①，孔子辞以疾②。将命者出户，取瑟而歌，使之闻之。

译文：

孺悲要见孔子，孔子称有病而不见。但传话的人一出门，孔子就拿过瑟来边弹边唱，故意让孺悲听到。

注释：

①孺悲，鲁国人。《礼记·杂记》云："恤由之丧，哀公使孺悲之孔子学士丧礼，《士丧礼》于是乎书。"

②辞以疾：《孟子·告子下》云："教亦多术矣。予不屑之教诲也者，是亦教诲之而已矣。"

17.21　宰我问："三年之丧，期已久矣。君子三年不为礼，礼必坏；三年不为乐，乐必崩。旧谷既没，新谷既升，钻燧改火①，期可已矣。"②

子曰:"食夫稻,衣夫锦③,于女安乎?"

曰:"安。"

"女安,则为之!夫君子之居丧,食旨不甘,闻乐不乐,居处不安④,故不为也。今女安,则为之!"

宰我出。

子曰:"予之不仁也!子生三年,然后免于父母之怀。夫三年之丧,天下之通丧也,予也有三年之爱于其父母乎?"

译文:

宰我问:"守丧三年,时间未免太长。君子三年不实践礼仪,礼制必定会毁坏;三年不演奏音乐,音乐必定会荒疏。旧谷已经吃完,新谷就该登场。重新钻木击燧而改变火种,一年时间也就够了。"

孔子说:"吃白米,穿绸衣,你心安吗?"

宰我说:"心安。"

孔子说:"你心安,就去做吧!但君子守丧,吃美味不觉甘甜,听音乐不觉快乐,住卧不觉安适,所以就不会那么做。你心安,就去做吧!"

宰我退出。

孔子说:"宰我不仁啊!孩子出生后三年才能离开父母怀抱,三年守丧是天下通行的丧期。宰予对于他的父母难道连三年的爱心也没有吗?"

注释:

①钻燧改火:古人终年灶火不断,唯春秋改灶取新火。或钻木取火,或击燧石取火。所用之木四季不同。春用榆、柳,夏用枣、杏,季夏(夏季最后一月)用桑、柘,秋用柞、楢,冬用槐、檀(马融注引《周书·月令》)。

②《说文》:"期,会也。"段玉裁注:"期者,邀约之意。"期者,约时也。文中第一个"期"指时间。又,期年,一周年也。文中第二个"期"指周年。

③食夫稻,衣夫锦:古代北方以稻米为珍食,故居丧者不食;锦,有文采之帛,居丧者不穿,只穿单色布衣。

④居处不安:古代孝子守丧,"居倚庐,寝苫枕块"。住在临时用草木搭的棚子里,睡在草席上,用土块做枕头。

17.22 子曰:"饱食终日,无所用心,难矣哉!不有博弈者乎①?为之,犹贤乎已。"

译文:

孔子说:"整天吃得饱饱的,却不知怎样用心思,度日子难啊!不是有掷骰赌棋的游戏吗?玩玩它,也比那样好。"

注释:

①博,古代的一种棋局。焦循《孟子正义》:"盖弈但行棋,博以掷采(骰子)而后行棋。"又说:"后人不行棋而专掷采,遂称掷采为博(赌博),博与弈益远矣。"

17.23 子路曰:"君子尚勇乎?"

子曰:"君子义以为上①。君子有勇而无义为乱,小人有勇而无义为盗。"

译文:

子路问:"君子崇尚勇敢吗?"

孔子说:"君子首先看重义。君子如果只有刚勇而没有正义就是乱来,小人只有刚勇而没有正义就是盗贼。"

注释:

①义:仪式,准则,正义。

17.24 子贡曰:"君子亦有恶乎?"

子曰:"有恶。恶称人之恶者,恶居下流而讪上者①,恶勇而无礼者,恶果敢而窒者。"

曰:"赐也亦有恶乎?"

"恶徼以为知者,恶不孙以为勇者,恶讦以为直者②。"

译文:

子贡问:"君子也有讨厌的人吗?"

孔子说:"有。君子讨厌喜欢宣扬别人缺点的人,讨厌身居下位却讥谤上司的人,讨厌蛮干而不讲礼节的人,讨厌果断而褊狭的人。"

孔子又问："阿赐呀，你也有讨厌的人吗？"

子贡答："我讨厌自作聪明的人，讨厌以不谦逊作为勇敢的人，讨厌奸曲而伪装正直的人。"

注释：

①下流，据惠栋《九经古义》和冯登府的《论语异文考证》，晚唐以前的本子没有"流"字。

②孔安国曰："徼，钞也。钞人之意以为己有。"包咸曰："讦，谓攻发人之阴私。"

17.25　子曰："唯女子与小人为难养也，近之则不孙，远之则怨。"

译文：

孔子说："只有妇女和小人是最难对付的，若亲近他们，他们就放肆，若疏远他们，他们又抱怨。"

17.26　子曰："年四十见恶焉，其终也已[①]！"

译文：

孔子说："如果到了40岁还遭人厌恶，这个人终身也就完了。"

注释：

①见，被。其终也已，已，结也，终也。"已"是动词，此义和"斯害也已"（见2.16）的"已"字相同。

微子篇第十八

18.1　微子去之①，箕子为之奴②，比干谏而死③。
孔子曰:"殷有三仁焉④。"

译文:

微子离开了纣王，箕子沦为其奴隶，比干由于直谏而被杀死。
孔子说:"殷朝有三个人物!"

注释:

①微子，名启，与纣王为同母兄弟。其母为帝乙之妾，故为庶子。帝乙死后，纣得嗣立，而微子不立。事见《吕氏春秋·仲冬纪》。《孟子·告子》则谓微子是纣的叔父。微子当为孔子家族之高祖。武王灭纣，封微子之后于宋。

②箕子，纣王的叔父。纣王无道，他劝谏而不被采纳，便披发佯狂，被贬罚为奴隶。奴，隶也。奴的本义是俘虏。虏而不杀曰奴。字从女，女奴也。男子被虏而不杀，曰"隶"，即"力"，金文作"鬲"。

马融云:"微、箕，二国名。子，爵也。微子，纣之庶兄。箕子、比干，纣之诸父也。微子见纣无道，早去之。箕子佯狂为奴，比干以谏而见杀也。"

箕子名无考。《庄子·大宗师》云"箕子胥余"，司马彪注以胥余为箕子名。《尸子》亦云:"箕子胥余漆身为厉，被发佯狂。"《左传》哀公九年:"阳虎曰:'微子启，帝乙之元子也。'"《吕氏春秋·仲冬纪》:"纣之母生微子启与仲衍，其时犹尚为妾，已而为妻而生纣。"《史记·殷本纪》:

"帝乙长子曰微子启,启母贱,不得嗣。少子辛,辛母正后,辛为嗣。帝乙崩,子辛立,是为帝辛,天下谓之纣。"《史记·宋微子世家》曰:"纣既立,不明,淫乱于政。微子数谏,纣不听。及祖伊以周西伯昌之修德,灭阢,惧祸至,以告纣。纣曰:'我生不有命在天乎?是何能为?'于是微子度纣不可谏,欲死之,及去,未能自决,乃问于太师、少师。"于是太师少师乃劝微子去,遂行。《吕氏春秋·仲冬纪·当务》:"纣之同母三人,其长曰微子启,其次曰仲衍,其次曰受德。受德乃纣也,甚少矣。纣母之生微子启与仲衍也,尚为妾,已而为妻,而生纣。纣之父母欲置微子启以为太子,太史据法而争之曰:'有妻之子,不可置妾之子。'纣故为后。"按《尚书》称微子为殷王元子,是纣之长兄。《周礼·司厉》:"其奴,男子入于罪隶。"郑众曰:"今之奴婢,古之罪人也。"夏商之"奴"称"胥""胥余""熏育""胥靡",皆匈奴、粟末(苏美尔)异族俘人之转语。

③《楚辞·九章》:"比干菹醢。"王逸注:"比干,纣之诸父也。纣惑妲己,作糟丘酒池,长夜之饮,刳剔孕妇。比干正谏,纣怒曰:'吾闻圣人心有七孔。'于是乃杀比干,剖其心而观之,故言菹醢也。"

④张存绅《雅俗稽言》:"或谓仁即'井有仁焉'之仁,当作'人'。夫子言殷有三人如此。"

18.2 柳下惠为士师①,三黜②。

人曰:"子未可以去乎?"

曰:"直道而事人,焉往而不三黜?枉道而事人,何必去父母之邦?"

译文:

柳下惠任士师,三次被罢官。

有人对他说:"您不能离开鲁国吗?"

他说:"按照正直之道办事,到哪里不可能遭到三次罢官呢?若不按正直之道而行事,那又何必非离开父母所在的祖国呢?"

注释:

①士师,典狱之官,隶司寇。

②《新序·杂事》:"昔柳下季为理于鲁,三绌而不去。"

18.3 齐景公待孔子曰①:"若季氏,则吾不能;以季、孟之间待之②。"

曰:"吾老矣,不能用也。"

孔子行。

译文:

齐景公接待孔子说:"像(鲁君对待)季氏那样,那我不能;我想用(鲁君)对待季氏和对待孟氏之间的规格接待你。"又说:"我老了,不能重用你了。"

于是孔子离开了齐国。

注释:

①齐景公,齐国国君。

②季,季孙氏。孟,孟孙氏。朱熹注:"鲁三卿,季氏最贵,孟氏为下卿。"

18.4 齐人归女乐①,季桓子受之②。三日不朝,孔子行。

译文:

齐国赠送鲁君歌姬舞女,季桓子接受了。一连几天不上朝,于是孔子就离开(鲁国)了。

注释:

①归,郑玄引作"馈"。馈,赠也。《史记·孔子世家》:"(孔子行摄相事,)齐人闻而惧曰:'孔子为政必霸,霸则吾地近焉,我之为先并矣。盍致地焉?'黎鉏曰:'请先尝沮之。沮之而不可则致地,庸迟乎!'于是选齐国中女子好者八十人,皆衣文衣而舞《康乐》,文马三十驷,遗鲁君。陈女乐文马于鲁城南高门外。季桓子微服往观再三,将受,乃语鲁君为周道游,往观终日,怠于政事。子路曰:'夫子可以行矣。'孔子曰:'鲁今且郊,如致膰乎大夫,则吾犹可以止。'桓子卒受齐女乐,三日不听政,郊,又不致膰俎于大夫。孔子遂行。"卫灵公三十八年书"孔子来,禄之如鲁"。卫灵公三十八年当鲁定公十三年。

②季桓子,鲁相季氏孙,执鲁政,死于哀公三年。《论语集注考证》:

"鲁自三家四分公室,而季氏取其二。季氏专鲁,而鲁公无民久矣……季氏,权臣也。桓子舍己之权以听孔子,而堕其名都以强公室……今纪纲既定,外侮既却,鲁既治矣,桓子岂甘终于自绌者?"

18.5 楚狂接舆歌而过孔子曰①:"凤兮!凤兮!何德之衰?往者不可谏②,来者犹可追③。已而!已而!今之从政者殆而④!"

孔子下,欲与之言。趋而辟之,不得与之言。

译文:

楚国的一个疯疯癫癫的人迎着孔子的车子唱道:"凤凰呀!凤凰呀!为什么你的德行衰败了?过去的已不可挽回,未来的还可以把握。算了吧!算了吧!当今从政者没有好人啊!"

孔子下车,想同他说话。那人急走而避开,孔子没能同他说上话。

注释:

①接,迎也。舆,车也。

曹之升《四书摭余说》云:"《论语》所记隐士皆以其事名之。门者谓之'晨门',杖者谓之'丈人',津者谓之'沮''溺',接孔子之舆者谓之'接舆',非名亦非字也。"《高士传》:"接舆姓陆名通,字接舆,楚人也。好养性,躬耕以为食。楚昭王时,通见楚政无常,乃佯狂不仕,故时人谓之楚狂。"《庄子·人间世》:"孔子适楚。楚狂接舆游其门曰:'凤兮凤兮!何如德之衰也?来世不可待,往世不可追也。天下有道,圣人成焉。天下无道,圣人生焉。方今之时,仅免刑焉。福轻乎羽,莫之知载。祸重乎地,莫之知避。已乎已乎!临人以德。殆乎殆乎!画地而趋。迷阳迷阳,无伤吾行。吾行却曲,无伤吾足。山木自寇也,膏火自煎也。桂可食,故伐之。漆可用,故割之。人皆知有用之用,而莫知无用之用也。'"

②《庄子·人间世》引此作"来世不可待,往世不可追也"。

③追,读为及。及,捉也,逐也,追也。旧说皆谬。

④殆,读为歹,坏也。旧说皆谬。

18.6 长沮、桀溺耦而耕①,孔子过之,使子路问津焉②。

长沮曰:"夫执舆者为谁③?"

子路曰："为孔丘。"

曰："是鲁孔丘与？"

曰："是也。"

曰："是知津矣。"

问于桀溺。

桀溺曰："子为谁？"

曰："为仲由。"

曰："是鲁孔丘之徒与？"

对曰："然。"

曰："滔滔者天下皆是也，而谁以易之④？且而与其从辟人之士也⑤，岂若从辟世之士哉⑥？"耰而不辍⑦。

子路行以告。

夫子怃然曰⑧："鸟兽不可与同群，吾非斯人之徒与而谁与？天下有道，丘不与易也。"

译文：

长沮、桀溺对耦耕田。孔子路过那里，叫子路过去问渡口在哪里。

长沮问："那个站在车旁的人是谁？"

子路说："是孔丘。"

长沮问："是鲁国的孔丘吗？"

子路说："是。"

长沮说："他应该知道渡口在哪里。"

子路又问桀溺。

桀溺说："你是谁？"

子路说："我是仲由。"

桀溺问："是鲁国孔丘的门徒吗？"

子路说："是。"

桀溺说："（当今）天下像滔滔的洪水，又有谁能改变？我看，你与其跟随要辅佐别人的人，不如跟随我们这种躲避乱世的人吧。"一面说，一面不停地翻地。

子路回来告诉孔子。

孔子怅惘地说:"我们无法和鸟兽同群。我不和人做同类又能与谁呢?如果天下有道,我孔丘也就不必与你们一起想去改变它了。"

注释:

①"长沮""桀溺"不是真姓名。耦耕是古代耕田的一种方法。此言相伴而耕。杨伯峻说:"春秋时代已经用牛耕田,不但由冉耕字伯牛、司马耕字子牛的现象可以看出,《国语·晋语》云'其子孙将耕于齐,宗庙之牺为畎亩之勤',尤为确证。"或说"耦而耕"即二人共用一件农具协同用力,进行耕作。"周族平东土后,把耒和耜结合起来,成为'耒耜'。'耒耜'的横木下有刃,一农人以足踏在耒耜的横木上,利用身体的重量把耜刃压入土中,这个动作叫作'推'。耒既入土后,另一人斜抑它的柄子使土壤翻起,叫作'发'。一推一发所起之土叫作'坂'。反复推发的动作是由两个人做的,所以叫作'耦耕'。"(《中国农史稿》第32页)

②津,通"济",渡口。

③执舆,就是执辔(拉马的缰绳)。因子路已下车,所以孔子代为驾驭。

④以,与也。易,改变。

⑤而,同"尔",你。辟,弼也,辅弼。

⑥辟,避也,逃避。

⑦耰(yōu),古农具,形如榔头,用来击碎土块。《淮南子·氾论训》:"后世为之耒耜耰锄。"高诱注:"耰读曰优,椓块椎也。"即用耒耜翻土后再用耰打碎土块。辍,停止,《尔雅·释诂》:"辍,已也。"播种之后,再以土覆之,磨而平之,使种入土,鸟不能啄,这便叫耰。

⑧《正义》引《三苍》:"怃然,失意貌。"《孟子·滕文公上》赵岐注:"怃然者,犹怅然也。"

18.7 子路从而后,遇丈人,以杖荷蓧①。

子路问曰:"子见夫子乎?"

丈人曰:"四体不勤,五谷不分②,孰为夫子?"植其杖而芸③。

子路拱而立。

止子路宿,杀鸡,为黍而食之④,见其二子焉。

明日，子路行以告。

子曰："隐者也。"使子路反见之。至，则行矣。

子路曰："不仕无义。长幼之节，不可废也；君臣之义，如之何其废之？欲洁其身，而乱大伦。君子之仕也，行其义也。道之不行，已知之矣。"

译文：

子路跟着孔子，落在后面，遇见一位老人用木杖挑着竹筐。

子路问道："您看见我的先生没有？"

老人说："四肢不劳动，五谷分不清，那是什么先生？"丢下木杖，锄草去了。

子路只好拱着手站立。

子路留下住宿，老人杀了鸡，煮黄米饭让他吃，又见到了他的两个儿子。

第二天，子路上路，告诉孔子这件事。

孔子说："这是一位隐士。"叫子路返回去见他。到了那里，老人已经出门了。

子路说："不出去任事是不符合大义的。既然长幼之间的礼节不能废弃，君臣之间的大义又怎么能废弃呢？为了洁身自好，却破坏了重大的伦理。君子出来任事，正是实践君臣之大义。至于大道难以行得通，那是早就知道的啊。"

注释：

①蓧，细竹筐。或说，蓧（diào），古代除田中草所用的工具。《说文》作"莜"。

②四体：手、臂、腿、脚。五谷：粟、稻、菽、黍、稷。

③植，掷也。芸，耘也，除草。

④为，煨也。黍，黄米。

18.8 逸民[①]：伯夷、叔齐、虞仲、夷逸、朱张、柳下惠、少连[②]。

子曰："不降其志，不辱其身，伯夷、叔齐与？"

谓："柳下惠、少连，降志辱身矣，言中伦，行中虑[③]，其斯而已矣。"

谓："虞仲、夷逸，隐居放言④，身中清⑤，废中权⑥。我则异于是，无可无不可。"

译文：

古代的隐士有：伯夷、叔齐、虞仲、夷逸、朱张、柳下惠、少连。

孔子说："不降低自己的心志，不玷污自己的身份，就是伯夷、叔齐了吧！"

又说："柳下惠、少连，是降低了心志、玷污了身份了。但他们言论有规范，行为作深虑，才会这样做的。"

又说："虞仲、夷逸隐居，不讲话，洁身清白，弃官让权。我和这些人不同啊——没有什么可以做的，也没有什么不可以做的。"

注释：

①逸，同"佚"，《论语》两用"逸民"，义都如此。《孟子·公孙丑上》云："柳下惠……遗佚而不怨，阨穷而不悯。"这一"逸"，正是孟子"遗佚"之义。说本黄式三《论语后案》。

②虞仲、夷逸、朱张、少连四人言行已不可考。虞仲前人认为就是吴太伯之弟仲雍。夷逸曾见于《尸子》，有人劝他做官，他不肯。少连曾见于《礼记·杂记》，孔子说他善于守孝。

③中，正也。伦者，规则也。虑者，思虑也。

④放言，放弃言论。放，废也。

⑤清，纯洁。"身中清"，《史记·孔子世家》引文作"行中清"。身，行也，动词。

⑥"中权"乃周代成语。《左传》宣公十二年："中权后劲。"杜预注："中军制谋，后以精兵为殿。"中权者，中军之权也。权者，权器，今语"秤砣"也，有之则可称重，以四两之权可擎千斤之重，以小制大，故谓之权力。废中权者，放弃权力也。

18.9 大师挚适齐①，亚饭干适楚②，三饭缭适蔡，四饭缺适秦，鼓方叔入于河，播鼗武入于汉③，少师阳、击磬襄入于海④。

译文：

（鲁国的）大乐师挚到齐国去了，亚饭乐师干到楚国去了，三饭乐师缭到蔡国去了，四饭乐师缺到秦国去了，鼓师方叔渡过了黄河，鼗鼓师武渡过了汉水，少师阳、击磬的襄则渡过了大海。

注释：

①此章谓国家乐师们的离散，鲁国已礼崩乐坏矣。《论语集说》："鲁政益微，三家僭妄，郑声既炽，女乐方张，先王遗音厌弃不省矣。自太师而下皆不得其职，故相率而逃之。"大师挚，鲁乐师。《泰伯篇》有"师挚之始"。

②亚饭、三饭、四饭均为乐师，乐官之职名。

③鼗，一种小鼓，鼓有两耳，系有小槌。又称鼗鼓。武，人名。

④少师，乐官之佐。磬，一种石制的打击乐器。

18.10　周公谓鲁公曰①："君子不施其亲，不使大臣怨乎不以②。故旧无大故，则不弃也。无求备于一人。"

译文：

周公对伯禽说："君子不会施惠于亲族，不会使大臣抱怨不被任用。但亲故没有大过错，也不要抛弃他们。不要求全责备于一个人。"

注释：

①周公，周公旦，孔子心目中的圣人。鲁公指周公的儿子伯禽，首封于鲁。

②施，予也，施惠。以，用也，擢用。

18.11　周有八士：伯达、伯适、仲突、仲忽、叔夜、叔夏、季随、季騧①。

译文：

周代有八个名士：伯达、伯适、仲突、仲忽、叔夜、叔夏、季随、季騧。

注释：

①此八人已无可考。有人猜测八人依伯、仲、叔、季排列，而且各自押韵（达适一韵，突忽一韵，夜夏一韵，随騧一韵），或说是四对双生子。

子张篇第十九

19.1　子张曰："士见危致命，见得思义，祭思敬，丧思哀，其可已矣。"

译文：

子张说："士人遇到危难时能献出生命，见到利益时则权衡取之是否合乎正义，祭祀时思想严肃恭敬，临丧时思想哀痛悲戚，那就可以了。"

19.2　子张曰："执德不弘①，信道不笃，焉能为有？焉能为亡②？"

译文：

子张说："懂得道德但不去弘扬，信仰道义但又不坚定，他还能做什么？又还有什么不能做？"

注释：

①弘，通"强"，说见章炳麟《广论语骈枝》。
②"焉能为有，焉能为亡"疑是当时成语。

19.3　子夏之门人问交于子张。

子张曰："子夏云何？"

对曰："子夏曰：'可者与之，其不可者拒之。'"

子张曰："异乎吾所闻。君子尊贤而容众，嘉善而矜不能。我之大贤与，于人何所不容？我之不贤与，人将拒我，如之何其拒人也？"

译文：

子夏的学生问子张应当怎样交朋友。

子张说:"子夏怎么说?"

子夏的学生答:"子夏说:'可以交朋友的就同他结交,不可以交朋友的就拒绝他。'"

子张说:"这同我听(老师)说的不一样。君子尊敬贤人,而宽容大众。赞赏善举而要同情没有能力的人。如果我是个好人,那么与谁不能相容?如果我是个坏人,别人就会拒绝我,我又怎么能拒绝别人呢?"

19.4　子夏曰:"虽小道,必有可观者焉;致远恐泥①,是以君子不为也。"

译文：

子夏说:"即使是小技艺,也一定有可观之处;但靠它去达到远大的目标,则行不通。所以君子不屑专事于小技艺。"

注释：

①《广韵》:"泥,滞陷不通。"

19.5　子夏曰:"日知其所亡①,月无忘其所能,可谓好学也已矣②。"

译文：

子夏说:"每天都能学到过去所不知的,每月都不忘记已学过的知识——也就可以说是学得好了。"

注释：

①亡,无也。

②好学,当作"学好",学得好。

19.6　子夏曰:"博学而笃志①,切问而近思,仁在其中矣。"

译文：

子夏说:"广泛学习以坚定志向,就自身的言行去发问、思考,仁善也就在其中了。"

注释：

①孔安国注以为"志"与"识"同，那么，博学笃志便有博闻强识之意。

19.7 子夏曰："百工［居］肆以成其事①，君子学以致其道②。"

译文：

子夏说："正像各种工匠极思尽力完成他们的工作，君子必须通过学习才能获得他所追求的最高真理。"

注释：

①居肆，读为极思，极思尽虑。以，而也。成，竟，完成。事，工事，作品。此"居肆"疑多一"居"字。原文当作："百工肆（思）以成其事。君子学以致其道。"许多人不能读解，妄增一"居"字以为"居肆"，即居市，乃谬舛难解。

《说文》训"肆"为"极陈也"。是读之为"撒"，散，布也。肆，市肆。《集注》："肆，谓官府造作之处。"居肆者，其居常所作物器之处也。虞翻注《易》"巽为工"引子夏曰："工居肆。"《国语·齐语》："管子对桓公曰：'昔先王之处士也，使就间燕，处工，就官府。'又曰：'令夫工，群萃而州处，审其四时，辨其功苦，权节其用，论比协材，旦暮从事，施于四方，以饬其子弟，相语以事，相示以巧，相陈以功。少而习焉，其心安焉，不见异物而迁焉。是故其父兄之教不肃而成，其子弟之学不劳而能。夫是，故工之子恒为工。'"潘维城《论语集笺》："（管子）言士曰：'令夫士，群萃而州处，间燕则父与父言义，子与子言孝，其事君者言敬，其幼者言悌。其父兄之教不肃而成，其子弟之学不劳而能。夫是，故士之子恒为士。'韦昭注：'士，讲学道艺者。'"俞樾《群经平议》："肆者，市中陈物之处。故《周官》有肆长。以肆为官府造作之处，于古未闻。"

②致，穷也，尽也。道，至善之道。刘宝楠云："《礼记·大学》云：'大学之道，在明明德，在亲（新）民，在止于至善。'止至善则致其道之谓，故《大学》又言：'君子无所不用其极。'极、致义同。"其说至确。

19.8　子夏曰:"小人之过也必文①。"

译文:

子夏说:"小人有过错必定加以掩饰。"

注释:

①文,文饰,即《易》之"贲",彩绘也。

19.9　子夏曰:"君子有三变:望之俨然①,即之也温②,听其言也厉③。"

译文:

子夏说:"君子有三变:远看,庄严;走近,温和;谈吐,冷峻。"

注释:

①俨,通"严",庄重也,敬肃也。
②即,近也。温,和也。
③厉通"冽",寒冽,冷峻也。

19.10　子夏曰:"君子信而后劳其民;未信,则以为厉己也①。信而后谏;未信,则以为谤己也。"

译文:

子夏说:"君子先要取得人们信任然后才能役使百姓;如果不取得信任,百姓会认为是虐待他们。先要取得国君信任然后才能进谏;如果未被信任,国君就会认为是在毁谤他。"

注释:

①厉,酷也,残也,虐也,害也。《管子·度地》:"厉一害也。"

19.11　子夏曰:"大德不逾闲①,小德出入可也。"

译文:

子夏说:"在大节上不能出格,在小节上可以有所出入。"

注释:

①闲,间,界也。

19.12　子游曰:"子夏之门人小子,当洒扫应对进退,则可矣,抑末也。本之则无,如之何?"

子夏闻之,曰:"噫!言游过矣!君子之道,孰先传焉,孰后倦焉,譬诸草木,区以别矣。君子之道,焉可诬也?有始有卒者,其惟圣人乎?"

译文:

子游说:"子夏的学生,担当洒水扫地、陪客迎送等,还可以,不过这些是细枝末节。根本的东西却没有学到,这怎么行呢?"

子夏听了,说:"哎!言游错了!君子之道,哪些先传授、哪些后讲述,就如同对于草木一样,应当区别种类。君子之道怎能随意传授呢?从头至尾完全能学通的,大概只有圣人吧!"

19.13　子夏曰:"仕而优则学,学而优则仕。"

译文:

子夏说:"做官而优秀者应当治学术,治学术而有成就者应该去做官。"

19.14　子游曰:"丧致乎哀而止。"

译文:

子游说:"临丧时只要极尽哀情就行了。"

19.15　子游曰:"吾友张也为难能也,然而未仁。"

译文:

子游说:"我的朋友子张已经做到难做的,不过他还未能达到仁善。"

19.16　曾子曰:"堂堂乎张也,难与并为仁矣。"

译文:

曾子说:"堂堂的子张呀,却难以同他一起修养仁德。"

19.17　曾子曰:"吾闻诸夫子:人未有自致者也[1],必也亲丧乎!"

译文：

曾子说："我在先生那里听说过：人在有一种时候是难以自制的，那一定是在至亲去世的时候啊！"

注释：

①致，读为制，节制。

19.18　曾子曰："吾闻诸夫子：孟庄子之孝也①，其他可能也，其不改父之臣与父之政，是难能也。"

译文：

曾子说："我在先生那里听说过：孟庄子的孝行，其他方面别人能够做到，而他不改易父亲的旧臣和父亲的政策，则是难以做到的。"

注释：

①孟庄子，鲁大夫孟献子仲孙蔑之子，名速，又称孟孙速，襄公时鲁执政大夫。其父死于鲁襄公十九年，其本人死于襄公二十三年。

19.19　孟氏使阳肤为士师①，问于曾子。

曾子曰："上失其道，民散久矣②。如得其情，则哀矜而勿喜！"

译文：

孟氏要让阳肤担任士师，阳肤来问曾子。

曾子说："统治者已背离了正道，民心离散已经很久了。如果查出了（民众）犯罪的原因，就该同情怜悯他们而不是庆幸！"

注释：

①阳肤，旧注说他是曾子的弟子。士师，相当于今之检察官。
②黄家岱《嬹艺轩杂著》中"《论语》多齐鲁方言述"条云："散训犯法，与上下文义方接。扬氏《方言》：'虔散，杀也。东齐曰散，青、徐、淮、楚之间曰虔。'虔散为贼杀义。曰民散久矣，用齐语也。"

19.20　子贡曰："纣之不善①，不如是之甚也。是以君子恶居下流，天下之恶皆归焉。"

译文：

子贡说："商纣王的恶行，也并不像人们所传说那么坏。所以君子最怕被置于下游，天下的坏事都会落到他的头上。"

注释：

①纣，殷商亡国之君，为周武王所伐，自焚而死。孔子殷人，纣乃其祖，故有是言。

19.21 子贡曰："君子之过也，如日月之食焉。过也，人皆见之；更也，人皆仰之。"

译文：

子贡说："君子有过错，就像日食、月食。有了过错，人人都会看见；改了过错，人人都会景仰。"

19.22 卫公孙朝问于子贡曰①："仲尼焉学？"

子贡曰："文武之道，未坠于地，在人。贤者识其大者，不贤者识其小者，莫不有文武之道焉。夫子焉不学？而亦何常师之有？"

译文：

卫国公孙朝问子贡："仲尼是从哪里学来的学问？"

子贡说："文王、武王之道并没有失传，还在人间啊。贤人懂得其中的大道理，不贤的人懂得其中的小道理，其中都有文王、武王之道。老师从哪里不能学习呢？又何必一定要有固定的老师呢？"

注释：

①翟灏《四书考异》云："春秋时，鲁有成大夫公孙朝，见昭二十六年《传》；楚有武城尹公孙朝，见哀十七年《传》；郑子产有弟曰公孙朝，见《列子》。记者故系'卫'以别之。"

19.23 叔孙武叔语大夫于朝曰①："子贡贤于仲尼。"

子服景伯以告子贡②。

子贡曰："譬之宫墙：赐之墙也及肩，窥见室家之好。夫子之墙数仞③，不得其门而入，不见宗庙之美，百官之富④。得其门者或寡矣。夫子之云，不亦宜乎？"

译文：

叔孙武叔在朝廷上对大夫们说："子贡比仲尼强。"

子服景伯以此言告知子贡。

子贡说："比如围墙，我的围墙只高到肩膀，从外就能窥见屋里陈设的美好。而我老师的围墙却有几丈高，找不到门进去，就看不到里面宗庙的壮美、众多宫舍的富丽。能找到这个门户的人或许太少了。所以那位先生那样说，不也很正常吗？"

注释：

①叔孙武叔，鲁大夫，名州仇。
②子服景伯，鲁大夫。
③仞，七尺为一仞。
④官，宫也，房舍。官字的本义是房舍，即馆。其后才引申为官职之义。（说见俞樾《群经平议》卷三及杨树达《积微居小学金石论丛》卷一）

19.24　叔孙武叔毁仲尼。

子贡曰："无以为也！仲尼不可毁也。他人之贤者，丘陵也，犹可逾也；仲尼，日月也，无得而逾焉。人虽欲自绝，其何伤于日月乎？多见其不知量也。"

译文：

叔孙武叔诋毁仲尼。

子贡说："没有用！仲尼是诋毁不了的。别人的贤德，好比是丘陵，还是能攀缘的。仲尼，是太阳和月亮，是无法攀越的。一个人即使关起门来不看（日、月），那么对于日、月来说，又有什么伤害呢？只不过显示他自己的不自量而已。"

19.25　陈子禽谓子贡曰："子为恭也，仲尼岂贤于子乎？"

子贡曰："君子一言以为知，一言以为不知，言不可不慎也。夫子之不可及也,犹天之不可阶而升也。夫子之得邦家者,所谓立之斯立,道之斯行,绥之斯来①,动之斯和②。其生也荣,其死也哀,如之何其可及也?"③

译文:

陈子禽对子贡说:"您(对孔子)表现得那么恭敬,难道仲尼真的比您强吗?"

子贡说:"君子只要讲一句话就可以显出他是否聪明,一句话就可以显出他是否无知,所以讲话不可不慎重啊。我的老师是无法超越的,就像青天无法用梯子攀登上去一样。我的老师如果做了诸侯或大夫,那才真是站立到了该在的地位上,大道于是才能得以实行,安定于是也才能降临,动乱于是才能平息。他活着时能使万物滋荣,死了会使大家悲痛,这样的人怎么能够被超越呢?"

注释:

①绥,安也。

②和,息也。

③《刘子·心隐》:"若子贡始事孔子,一年自谓胜之,二年以为同德,三年方知不及。"

尧曰篇第二十

20.1　尧曰："咨！尔舜！天之历数在尔躬，允执其中①。四海困穷，天禄永终②！"

舜亦以命禹。

（汤）曰："予小子履敢用玄牡③，敢昭告于皇皇后帝：有罪不敢赦。帝臣不蔽，简在帝心。朕躬有罪，无以万方④。万方有罪，罪在朕躬。"

周有大赉，善人是富。

"虽有周亲，不如仁人。百姓有过，在予一人⑤。"

谨权量，审法度，修废官，四方之政行焉⑥。兴灭国，继绝世，举逸民，天下之民归心焉。

所重：民、食、丧、祭。

宽则得众，信则民任焉，敏则有功，公则说。

译文：

尧说："舜啊！天命已降临于你身上。你要永远手执钟铎，直到四海干涸，天命终结。"

舜也这样告命于禹。

（汤）说："我小子履敬用黑色的公牛，敬告于光明显赫的天帝：对于有罪的我，我不敢请求赦免。您臣子的罪过不可能被遮蔽，一切都明察于您的心里。如果我自身有罪，请不要加罪于天下万方。如果天下万方有罪，罪责都在我一人之身。"

周朝大颁赏赐，善人因此富贵。

（周武王说：）"虽然有至亲的近亲，也不如举用仁善之人。如果百姓有过错，责任都在我一人。"

于是审立度量衡，修明法度，建立官制，从而政令向四方畅通无阻。

复兴了已灭亡的国家，恢复了已绝灭的世族，起用了隐居的贤士，天下人心都归向于他。

（他）所重视的是：人民、粮食、丧葬、祭祀。

（他）由于宽厚从而得到众人的拥护，由于讲信义从而使人民乐于为其所使用，由于赏罚严明从而使人乐于建立功勋，由于公正从而使人心欢悦。

注释：

①这一章的文字前后不相连贯，从宋朝苏轼以来便有许多人疑心它有脱落。中，钟铎。上古帝王发布大命、历法，均手执钟铎（钲）以颁令。允，永也。又谐音于中、正、中庸。

②天禄，即天之禄命，天命。

③小子履，汤自称。汤，商开国君主，名履。"予小子"和"予一人"都是上古帝王自称之词。从《史记·殷本纪》中知道汤名天乙，甲骨卜辞作"大乙"。

④帝臣不蔽，《墨子·兼爱下》此句作"有善不敢蔽"，但郑玄注此句云："言天简阅其善恶也。"《墨子·兼爱下》和《吕氏春秋·顺民》都说这是成汤战胜夏桀以后遭逢大旱，向上天祈祷求雨之辞。《国语·周语上》引《汤誓》"余一人有罪，无以万夫"，和这"朕躬有罪，无以万方"义近。

⑤刘宝楠《论语正义》引宋翔凤说，"虽有周亲"四句是周武王封诸侯之辞，尤其像封姜太公于齐之辞。

⑥权就是量轻重的衡量，量就是容量，度就是长度。"法度"不是法律制度之意。《史记·秦始皇本纪》的秦权、秦量的刻辞中都有"法度"一词，都是指长度的分、寸、尺、丈、引而言。废官，赵佑《四书温故录》云："或有职而无其官，或有官而不举其职，皆曰废。"刘宝楠《论语正义》引《汉书·律历志》"孔子陈后王之法曰，谨权量，审法度，修废官，举逸民，四方之政行矣"说，"据《志》此文，是'谨权量'以下皆

孔子语，故何休《公羊》昭三十二年注引此节文冠以孔子曰"云云，则不足为证。因为汉人引《论语》，不论是否孔子之言，多称"孔子曰"。《困学纪闻》曾举出《汉书·艺文志》引"小道可观"（见19.4），《后汉书·蔡邕传》引"致远恐泥"（同上）皆以子夏之言为孔子。

20.2　子张问于孔子曰："何如斯可以从政矣？"

子曰："尊五美，屏四恶①，斯可以从政矣。"

子张曰："何谓五美？"

子曰："君子惠而不费，劳而不怨，欲而不贪②，泰而不骄，威而不猛。"

子张曰："何谓'惠而不费'？"

子曰："因民之所利而利之，斯不亦惠而不费乎？择可劳而劳之，又谁怨？欲仁而得仁，又焉贪？君子无众寡，无小大，无敢慢，斯不亦泰而不骄乎？君子正其衣冠，尊其瞻视，俨然，人望而畏之，斯不亦威而不猛乎？"

子张曰："何谓四恶？"

子曰："不教而杀谓之虐。不戒视成谓之暴③。慢令致期谓之贼。犹之与人也，出纳之吝谓之有司④。"

译文

子张问孔子："应如何做才可以从政？"

孔子说："崇尚五种美德，屏除四种邪恶，这就可以从政了。"

子张问："是哪五种美德？"

孔子说："君子给人恩惠，却不耗费；用百姓服劳役，百姓却不怨恨；有目标却不贪婪；达到目标却不傲慢；有威严却不凶猛。"

子张问："怎样才能'给人恩惠却不耗费'？"

孔子说："顺应着人民的利益而让他们自己去做，这不就是给予恩惠又不耗费吗？只让人民做他们必须出力的事，谁还会怨恨呢？追求仁善而得到仁善，还要希求什么呢？君子不论对方人多与少、权势大与小，都不怠慢，不就能安泰而不傲慢吗？君子衣冠端正整齐，目光尊严，仪态庄重，使人望而生畏，这不就是威严而不凶猛吗？"

子张问:"那么是哪四种邪恶?"

孔子说:"不作教化就杀人,这叫'虐'。不先告诫就杀人,这叫'暴'。开头迟慢,后来却限期完成,这叫'贼'。给人财物,临出手之际却十分吝惜,这叫'自私'。"

注释:

①屏,屏除。

②欲,即今语"要"。下文云:"欲仁而得仁,又焉贪?"皇侃疏:"欲仁义者为廉,欲财色者为贪。"

③视,弑也。

④司,私也。

20.3 孔子曰:"不知命①,无以为君子也。不知礼,无以立也。不知言,无以知人也。"

译文:

孔子说:"不知天命,就无法成为君子。不懂礼仪,就无法立足社会。不明辨言论是非,就无法识别人。"

注释:

①命,天命。

何按:程树德说:《尧曰》一章是《论语》全书后序,古人序文常在篇末,如《庄子》之有《天下篇》,《史记》之有《太史公自序》,不乏先例。《子张篇》以下,《古论》本系别为一篇,郑玄就《鲁论》篇章考之《齐论》,取《鲁论》所未及者附载于后,犹今人文集之补遗也。《阳货篇》"子张问仁于孔子"一章,应属《子张篇》文,不知何时错简,误列《阳货篇》中。皇侃本作"子张问政于孔子",与问仁相对,一也;俱称"孔子曰",二也;每章均有总纲,三也。其应属《子张篇》无疑。

参考文献

刘宝楠：《论语正义》，中华书局，1990年版。
程树德：《论语集释》，（上下册）台北艺文印书馆，1965年版。
杨伯峻：《论语译注》，中华书局，1962年版。
杨伯峻：《孟子译注》，中华书局，1988年版。
郝懿行：《尔雅义疏》，北京中国书店，1982年版。
王念孙：《广雅疏证》，中华书局，2004年版。
《孔子家语》，上海古籍出版社，1990年版。
司马迁：《史记》，中华书局，1959年版。
班固：《汉书》，中华书局，1962年版。
范晔：《后汉书》，中华书局，1965年版。
苏舆：《春秋繁露义证》，中华书局，1992年版。
王应麟：《困学纪闻》，上海古籍出版社，2008年版。
洪亮吉：《春秋左传诂》，商务印书局，1934年版。
杨伯峻：《春秋左传注》，中华书局，1981年版。
《公羊传注疏》（十三经注疏标点本），北京大学出版社，1999年版。
《穀梁传注疏》（十三经注疏标点本），北京大学出版社，1999年版。
孔安国：《论语孔氏训解》，玉函山房辑本。
何休：《何邵公论语义》，俞樾辑本。
包咸：《论语包氏章句》，玉函山房辑本。
马融：《论语马氏训说》，玉函山房辑本。
郑玄：《论语郑氏注》，玉函山房辑本。

王肃：《论语王氏义说》，玉函山房辑本。

卫瓘：《论语卫氏集注》，阮元刻本。

何晏：《论语集解》（十三经注疏本），中华书局，1980年版。

邢昺：《论语注疏》（十三经注疏标点本），北京大学出版社，1999年版。

蔡节：《论语集说》，姜文龙湖州頖宫刻本。

《周礼注疏》（十三经注疏标点本），北京大学出版社，1999年版。

郭庆藩辑：《庄子集释》，中华书局，1961年版。

王先谦：《荀子集解》，中华书局，1988年版。

孙诒让：《墨子闲诂》，中华书局，2001年版。

郭沫若等：《管子集校》，科学出版社，1956年版。

《国语》，商务印书馆，1958年版。

陈奇猷：《韩非子新校注》，上海古籍出版社，2000年版。

陈奇猷：《吕氏春秋新校释》，上海古籍出版社，2002年版。

卢守助：《晏子春秋译注》，上海古籍出版社，2006年版。

褚玉兰、张大同：《兵法精典新解——孙子·吴子·尉缭子·司马法》，山东大学出版社，2005年版。

阎振益等：《新书校注》，中华书局，2000年版。

苏辙：《论语拾遗》（四库全书），上海古籍出版社，1987年版。

朱熹：《朱子文集》，台湾德富文教基金会，2000年版。

崔述：《洙泗考信录》，商务印书馆，1937年版。

晁公武：《郡斋读书志校正》，上海古籍出版社，1990年版。

黄式三：《论语后案》，凤凰出版社，2008年版。

梁章钜：《论语集注旁证》20卷，清光绪十七年铅印本。

俞樾：《论语小言》（《春在堂全书》），清光绪二十五年刻本。

王闿运：《论语训》（《湘绮楼诗文集》），岳麓书社，1996年版。

宦懋庸：《论语稽》，1913年维新印书馆铅印本。

康有为：《论语注》，中华书局，1984年版。

崔适：《论语足征记》，1916年北京大学铅字排印本。

冯登府：《论语异文考证》，粤东学海堂，清道光十四年刻本。

王楸：《野客丛书》，中华书局，1987年版。

阮元：《清经解》，上海书店，1988年版。

阮元：《清经解续编》，上海书店，1988年版。
阮元：《揅经室集》，中华书局，1993年版。
崔述：《崔东壁先生遗书》，北京图书馆出版社，2007年版。
胡炳文：《四书通》（四库全书荟要本），吉林出版集团，2005年版。
陈天祥：《四书辨疑》（四库全书荟要本），吉林出版集团，2005年版。
张椿：《四书辨证》10卷，嘉庆癸酉刻本。
熊勿轩：《熊勿轩先生文集》，上海商务印书馆，1936年版。
朱公迁：《四书通旨》（四库全书荟要本），吉林出版集团，2005年版。
王夫之：《四书稗疏》（《船山全书》），岳麓书社，1996年版。
翟灏：《四书考异》，上海古籍出版社，2002年版。
林春溥：《四书拾遗》，竹柏山房十一种本。
毛奇龄：《四书剩言》（《毛奇龄合集》），杭州出版社，2003年版。
毛奇龄：《四书改错》（《毛奇龄合集》），杭州出版社，2003年版。
毛奇龄：《经问》（《毛奇龄合集》），杭州出版社，2003年版。
阎若璩：《古文尚书疏证》，上海古籍出版社，1987年版。
阎若璩：《四书释地》，梅阳海涵堂，清嘉庆二十一年刻本。
李颙：《四书反身录》，中华书局，1996年版。
宋翔凤：《四书释地辨证》，学海堂皇清经解本。
许谦：《读四书丛说》，商务印书馆，《丛书集成初编》本。
段玉裁：《古文尚书撰异》，上海古籍出版社，2002年版。
徐时仪：《一切经音义三种校本合刊》，上海古籍出版社，2008年版。
黄侃：《广韵校录》，中华书局，2006年版。
许慎：《说文解字》，中华书局，1963年版。
段玉裁：《说文解字注》，凤凰出版社，2007年版。
朱骏声：《说文通训定声》，中华书局，1984年版。
丁维汾：《方言音释》，齐鲁书社，1985年版。
蒋廷锡：《尚书地理今释》，上海古香阁石印小字本，清光绪十八年版。
陆玑：《毛诗草木鸟兽虫鱼疏》，商务印书馆，《丛书集成初编》本。
李时珍：《本草纲目》，人民卫生出版社，2005年版。
张舜徽：《郑学丛著》，齐鲁书社，1984年版。
陆德明：《经典释文》，上海古籍出版社，1985年版。

班固著，陈立疏证：《白虎通疏证》，中华书局，1994年版。

《昭明文选》，中华书局，1977年版。

欧阳询：《艺文类聚》，上海古籍出版社，1982年版。

惠栋：《九经古义》，商务印书馆，《丛书集成初编》本。

朱彝尊：《经义考》，中国书店，2009年版。

王引之：《经义述闻》，江苏古籍出版社，1985年版。

王引之：《经传释词》，凤凰出版社，2000年版。

全祖望：《经史问答》（《全祖望集汇校集注》），上海古籍出版社，2000年版。

李惇：《群经识小》，学海堂皇清经解本。

俞樾：《群经平议》，学海堂续皇清经解本。

武亿：《群经义证》，上海古籍出版社，1996年版。

刘台拱：《经传小记》，南菁书院，清光绪十四年刻本。

臧庸：《拜经日记》，学海堂皇清经解本。

陈懋龄：《经书算学天文考》，学海堂皇清经解本。

余萧客：《古经解钩沉》，上海古籍出版社，1995年版。

王念孙：《读书杂志》，凤凰出版社，2000年版。

洪颐煊：《读书丛录》，道光二年刻本。

魏徵等：《群书治要》，鹭江出版社，2004年版。

程瑶田：《通艺录》（《程瑶田全集》），黄山书社，2008年版。

宋翔凤：《过庭录》，中华书局，2006年版。

王崧：《说纬》，吉佑堂，清道光八年刻本。

俞正燮：《癸巳类稿》，商务印书馆，1957年版。

俞正燮：《癸巳存稿》（《俞正燮全集》），黄山书社，2005年版。

赵翼：《陔余丛考》，中华书局，1963年版。

孙志祖：《读书脞录》，上海点石斋，清光绪十四年石印本。

桂馥：《札朴》，中华书局，1992年版。

孙奕：《示儿编》，知不足斋本。

王鸣盛：《蛾术编》，商务印书馆，1958年版。

[日] 山井鼎：《七经孟子考文》，日本足利本。

焦赣：《易林》，台湾商务印书馆，1986年版。

汪中：《述学》，涵芬楼影印本，1919年版。
陈善：《扪虱新话》，上海古籍出版社，1995年版。
干宝：《周易注》，平湖孙氏映雪堂，清嘉庆四年刻本。
何焯：《义门读书记》，中华书局，1987年版。
伏胜：《尚书大传》，上海古籍出版社，1995年版。
王鸣盛：《尚书后案》，清乾隆四十五年刻本。
许维遹：《韩诗外传集释》，中华书局，1980年版。
陈启源：《毛诗稽古编》，清嘉庆年间刻本。
戴德：《大戴礼记汇校集解》，中华书局，2008年版。
蒋伯潜：《诸子通考》，浙江古籍出版社，1985年版。
章太炎：《广论语骈枝》（《章太炎全集》），上海人民出版社，1986年版。
高亨：《周易大传今注》，齐鲁书社，1998年版。
金鹗：《求古录》，上海书店，《丛书集成续编》本。
张觉：《吴越春秋校注》，岳麓书社，2006年版。
黄汝成：《日知录集释》，上海古籍出版社，2006年版。
任乃强：《华阳国志校补图注》，上海古籍出版社，1987年版。
《淮南子》，岳麓出版社，2006年版。
《潜夫论笺校正》，中华书局，1985年版。
屈原著，洪兴祖补注：《楚辞补注》，中华书局，1983年版。
张存绅：《雅俗稽言》，湖南巡抚采进本。
刘向著，石光瑛校释：《新序校释》，中华书局，2001年版。
刘向著，向宗鲁校证：《说苑校证》，中华书局，1987年版。
皇甫谧：《高士传》，辽宁万有图书发行有限公司，1998年版。
赵佑：《四书温故录》，上海古籍出版社，1996年版。
黄家岱：《嬹艺轩杂著》，江苏南菁讲舍，光绪乙未刊本。
杨树达：《积微居小学金石论丛》，上海古籍出版社，2007年版。
唐启宇：《中国农史稿》，农业出版社，1985年版。